应用语言学理论与应用

包　懿　著

中国原子能出版社

图书在版编目（CIP）数据

应用语言学理论与应用 / 包懿著. -- 北京 : 中国原子能出版社，2021.9

ISBN 978-7-5221-1607-5

Ⅰ. ①应… Ⅱ. ①包… Ⅲ. ①应用语言学一研究 Ⅳ. ① H08

中国版本图书馆 CIP 数据核字（2021）第 195641 号

应用语言学理论与应用

出版发行	中国原子能出版社（北京市海淀区阜成路 43 号　100048）
策划编辑	杨晓宇
责任印刷	赵　明
装帧设计	王　斌
印　　刷	天津和萱印刷有限公司
经　　销	全国新华书店
开　　本	787mm×1092mm　1/16
印　　张	11.375
字　　数	217 千字
版　　次	2022 年 1 月第 1 版
印　　次	2022 年 1 月第 1 次印刷
标准书号	ISBN 978-7-5221-1607-5　**定　价** 68.00 元

网　址： http//www.aep.com.cn　**E-mail：** atomep123@126.com

发行电话： 010-68452845

作者简介

包懿，女，1985年10月出生，江苏省张家港市人。毕业于河海大学，硕士研究生学历，现任江苏科技大学张家港校区英语教师，讲师。研究方向：英语语言学专业。英国曼彻斯特大学访问学者，上海中高级口译南京考点口试考官。主持并完成江苏省社科应用研究精品工程一项，主持张家港市软科学研究计划一项，发表论文十余篇。

前　言

应用语言学相对于其他类语言学发展还是比较晚，是一门新兴的学科，但是应用语言学的理论逐渐被人们认可，这种以实践中的实际应用为主线的学说在社会生活交流中有着更现实的意义。随着我国改革开放程度加深，与外国交流越来越多，作为新时代应用型人才掌握好这门国际语言——英语是非常重要的，所以大学英语在大学学习中是一门非常重要的课程。把应用语言学理论应用到大学英语的教学和学习是一种非常先进的教学理念。

全书共七章。第一章为绪论，主要阐述了语言的定义与功能、语言的起源与发展、语言学相关理论综述、语言应用研究的意义等内容；第二章为应用语言学的性质与范围，主要阐述了应用语言学的产生与发展、应用语言学的内涵与特点、应用语言学在语言学中的地位、应用语言学的研究范围、应用语言学的发展前景等内容；第三章为应用语言学的基本理论，主要阐述了交际理论、动态理论、中介理论、潜显理论、层次理论、人文性理论等内容；第四章为应用语言学的核心领域，主要阐述了二语习得、儿童语言学、心理语言学、社会语言学、语言教学等内容；第五章为应用语言学的其他领域，主要阐述了神经语言学、文化语言学、计算机语言学、人类语言学、语料库语言学等内容；第六章为应用语言学在英语知识教学中的应用，主要阐述了应用语言学在英语词汇教学中的应用、应用语言学在英语语法教学中的应用等内容；第七章为应用语言学在英语技能教学中的应用，主要阐述了应用语言学在英语听力教学中的应用、应用语言学在英语口语教学中的应用、应用语言学在英语阅读教学中的应用、应用语言学在英语写作教学中的应用、应用语言学在英语翻译教学中的应用等内容。

为了确保研究内容的丰富性和多样性，在写作过程中参考了大量理论与研究文献，在此向涉及的专家学者们表示衷心的感谢。

最后，限于作者水平有不足，加之时间仓促，本书难免存在一些疏漏，在此，恳请同行专家和读者朋友批评指正！

作者

2021年1月

目　录

第一章　绪　论

语言被视为各个民族和语系中的先进科学，在科学文化的发展过程中发挥着不可替代的作用。语言是一种重要载体，许多问题的处理和表达都要依靠语言来实现，语言学与其他学科相互融合、相互促进。本章分为语言的定义与功能，语言的起源与发展，语言学相关理论综述，语言应用研究的意义四个部分。主要包括：语言的定义与属性，语言的分类，语言的功能，语言学相关的索绪尔语言理论、布格拉学派、哥本哈根学派等理论概述等内容。

第一节　语言的定义与功能

一、语言的定义与属性

（一）语言的定义

基于对语言和语言学的研究，中外语言学家对于语言的定义也有不同的理解，以下是国内外具有权威和代表性的关于语言的定义。

①索绪尔把语言定义为一种表达观念的符号系统（Language is a system of signs that express ideas…）。

②语言是说本族语的人理解和构成合乎语法句子的先天能力，是在某一时期内说出的实际话语。

③威廉 A. 哈维兰等著的《文化人类学：人类的挑战》指出："语言（language）是一个根据一系列特定规则用声音和 / 或手势交流的系统，它产生了对于所有使用它的人来说都可以理解的意义。"

④我国语言学家对于语言的定义，也有不同的见解：是人类思维和交际的重要工具；语言具有抽象音义的实体性和交际的功用性；语言是客观世界与人的主观条件相结合的产物；语言只属于人类特有，能够充当人们相互表达和反

应的中介、认知事物的工具和文化信息的载体。

总之，语言是生物同类之间由于沟通需要而制定的具有统一编码解码标准的声音（图像）指令。随着社会的发展和人类意识、思维能力的提高，人们对于语言的认识也越来越客观和全面，概括而言，从语言本身的结构来说，语言是由词汇和语法构成的系统，这个系统中的每个成分即每个语言成分都是由声音和意义两个方面构成的。从语言的功能来讲，语言是人类最重要的交流工具，是一种思维工具。可以说，语言是人类发明的独特工具，具有社会特制以及传承性，因此语言往往被视为特定民族文化的表现形式之一。

（二）语言的属性

（1）本质属性

更确切地说，语言能够反映语言的质量属性、能量属性和表征属性，语言被看作是一种符号系统、交际工具和信息系统，语言的这三种属性就构成了语言的基本属性，三者缺一不可。

（2）基本属性

①传承性。语言的传承性是全民性的传承，具有强制性的特点，是人类代代相传的精神产物，也是人类进行社会交际的工具。

②约定俗成性。语言是在特定的历史地理环境中自然约定的人类创造的成果，是人类集体交际活动中的一种客观存在的交际工具。

③文化性。语言是一种文化现象和文化产物；语言的发送、传播和接收要以文化为背景；语言是运用、巩固和传达文化的手段。

④开放性。语言自身整体上是保持稳定的，开放性只具有相对性，是与稳定性这一特性相比较来说的，语言的开放性是要求语言能够快速、准确地反映社会的发展变化，通过内部创新和外部渗透实现语言的开放。

⑤模糊性。语言的模糊性是思维模糊性的产物，这也是相对于语言的准确性来说的，是与语言的准确性特征相辅相成的相对属性。

总而言之，对于人类语言的习得，心理、环境等因素会起到极大的制约作用。相比于其他动物的交际活动，语言显得更为复杂。

二、语言的分类

（一）按谱系分类

语言分类时以语言的共同来源或亲属关系为依据。根据语言发生学的谱系，可以将世界范围的语言划分成十几余种，其中主要的语系如图 1-1 所示。

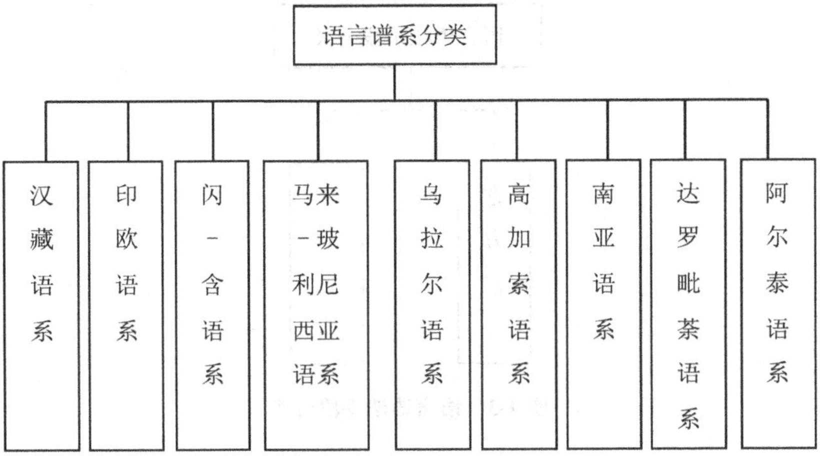

图 1-1 语言谱系分类

（二）按语言的使用范围分类

语言按照使用范围分类，如图 1-2 所示。这种分类方法中有的国家的官方语言不止一种，甚至一个国家的不同地区也有不同的官方语言，在多民族的国家，也有不同的官方语言。

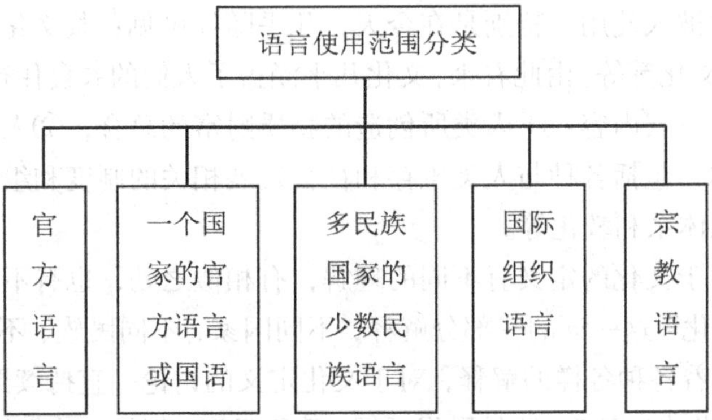

图 1-2 语言使用范围分类

（三）按语法手段分类

语言按照语法手段分类，如图 1-3 所示。综合语言如德语、俄语等是借助词语本身的形态变化实现，分析语言如英语、汉语等通过词外手段实现。

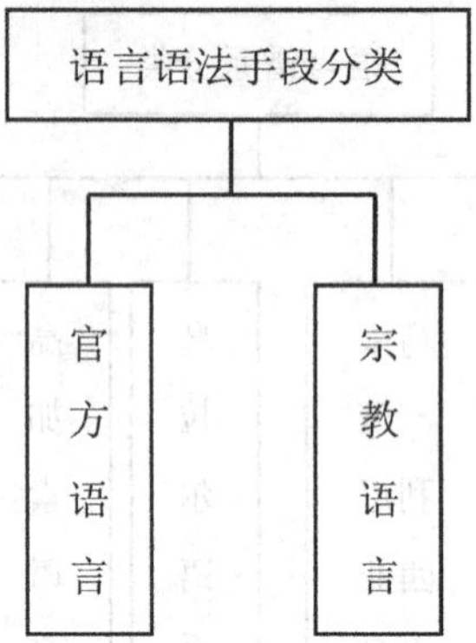

图 1-3　语言语法手段分类

三、语言的功能

（一）语言的社会文化功能

1. 文化的定义

“文化”一词最早源于拉丁语中的“Culture”，原意指人类在改造外部自然世界使之满足其衣食住行过程中，对自然条件，尤其是土地的改造。文化这一概念，常常被人使用，特别是在今天，几乎随处可见：茶文化、酒文化、饮食文化、建筑文化等等。由此看来，文化几乎涵盖了人们的衣食住行等所有方面。

文化包括三层内容：①人类所创造的物质财富的总合；②人类所创造的精神财富的总和，包括各种与人类生存和社会发展相关的制度和组织机构；③人类历史、知识体系和教化等。

学术界对于文化的定义有不同的理解，有相似之处，也有不同之处，但它们仅仅是“文化”这一词的一部分解释，不同国家、不同民族、不同学者对“文化”的含义有着各种各样的解释，对于文化定义的讨论一直持续至今。事实上，不论是历史、艺术、宗教，还是风俗习惯、政治经济，都是文化领域中的一部分，也是文化研究者的主要研究对象。文化对于人们的现实生活有着重要的影响，它与人类的认知和行为有着直接的联系。文化既指影响个人思考和认知世界的方式，也包括人类生活的方式。文化定义的内涵必须要注意到人类价值观的不同，文化的模式随着时间和社会发展也在不断变化的。

2. 文化的特性

（1）文化的核心是人

文化如果没有人的创造和改变，便会失去生命、活力和光彩。人在语言和文化中起着至关重要的作用，在跨文化语言交际中也有着重要的影响。人与文化的关系如图 1-4 所示。

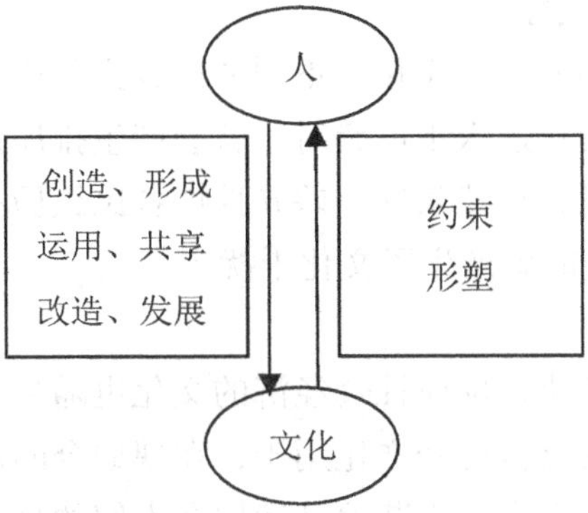

图 1-4 人与文化的关系

（2）后天习得

文化是人类通过后天学习而获得的，各民族的人们在特定的地理、历史环境和社会中成长而获得各种不同的文化传统，这种文化经过儒化学习而代代相传。

（3）共享文化

文化通过群体成员在社会中得以传递和共享，所以文化并不是每一个个体自身的属性，文化只有通过共享才能相传，也只有共享文化才能促进文化的不断发展，因此共享的文化是具有巨大影响力的。

（4）象征性

“象征”对文化及人类其他方面的习得都是非常独特而重要的。象征通常是基于符号的，文化中最重要的符号就是语言，即用词语代替具体指代的对象。不使用语言，人们无法让一个不在场的人较为清楚地了解事件、情感及其他经历。当然，除了语言，象征也有非语言形式的符号体系。以象征的方式思考、运用语言并使用工具和其他文化形式，以组织、适应自己的生活并协调周围的环境，这是人类生活的常态，其中，象征的重要性非同一般，们可将文化视为一种象征体系。

（5）整合性

文化是整合在一起的模式化的系统。如果这一系统的某部分发生了变化（如经济、社会方面），其他部分也会相应发生变化。以前我们有句俗话说“早发财不如早生子”，在民间，特别是农村，女性多会在二十多岁结婚、生子。今天，我们也会在婚礼上祝福新婚夫妇“早生贵子”。但是，晚婚晚育已经变得越来越普遍了，尤其是在大城市。人们对婚姻、家庭的态度和行为的变化与社会发展、经济变迁等是分不开的。因此，文化并非孤立的，而是整合的。

（6）民族性、地域性

不同民族具有不同的民族文化，不同的民族文化产生不同的民族心理和精神气质。当其他民族文化进入本民族时，就会产生排斥性，也是产生文化冲突的重要原因。地理环境和自然条件的差异性使各民族历史文化背景各不相同，因此不同文化进行交流时就产生了文化干扰。

（7）动态性

人们的生活发生变化，反应社会经济的文化也随之不断地发生变化，每个历史时期都有各自的文化特征和文化用于，在现如今的信息社会，网络用语和网络新词会不断地创造出来并不断地被运用在人们的日常生活中，我们也被各种各样的新鲜词汇和网络用词刷新我们的思维。

（8）文化的时代性

新旧文化之间的差异是文化干扰又一主要原因。文化时代性决定了文化的时代性，不同历史背景下，由于某些事件或者人物的产生，相应的词汇应运而生，当然，随着历史的变迁，一些词汇会消失在历史的长河里。因此，从翻译角度思考，要想完整地将原文转换为译文，必须把握一定历史背景下的词汇的变迁。

3. 语言传承文化

相比于语言，文字的出现要稍晚一些。因此，在文字出现之前，人们普遍是以口耳相传的方式进行信息的传递或交换。此外，就语言来讲，在长期的使用过程中，其自身也有浓厚的文化烙印积淀下来，而人们关于语言的研究促成了语言学的诞生。一些语言有文化的“活化石”之称，主要是因为人们可以从语言的角度出发对人类社会的生存和发展进行成功的了解和观察。

随着社会的发展与进步，文字逐渐登上了历史的舞台。在我国的历史上，作为人类积累历史的重要方式之一就是无数文化典籍的流传，这不仅有利于传递丰富的知识信息，而且能够以保存物质的形式实现历史的传承。

4. 语言与文化的关系

语言与文化是互相影响、互相依存的，语言既是一种有效的沟通工具，又是文化体系重要的组成部分，语言往往可以反映出一个民族的文化现象和思维模式，而文化，不仅与特定的语言相对应，同时更是语言形成和发展的基础。

两者之间的关系可以用“洋葱文化示意图”来理解，如图 1-5 所示。

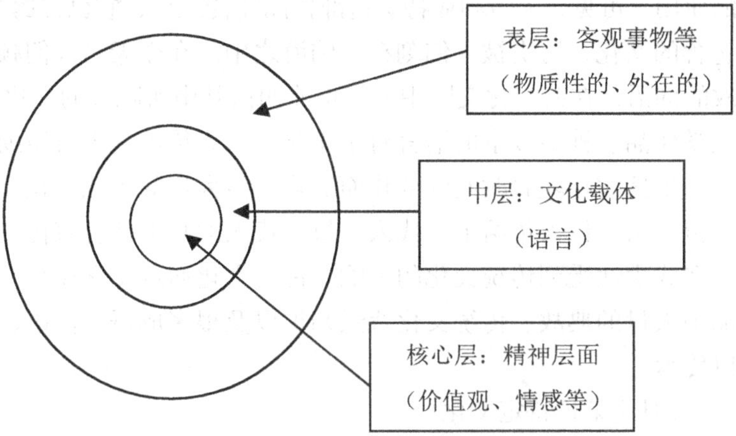

图 1-5 洋葱文化示意图

（1）语言是文化现象的组成部分

历史语言学家格里姆认为，语言就是历史，语言本身包含着社会内容，一些动物实验证明了动物之间也存在“语言”，但是这种“语言”更多地用于发出危险警报、求偶或者告知同伴哪里有食物。语言中的习语、成语、谚语、诗词等往往与特定民族的历史、社会和文化紧密相连。例如，白居易的“绿蚁新醅酒，红泥小火炉”就用非常平实朴素的语言刻画了唐代朋友之间促膝夜谈的生活场景。三言两语，尽是生动活泼。再比如，我们都很熟悉的英语谚语“Love me，love my dog”反映出对西方国家来说，狗不仅仅是动物，更是人们非常喜欢和信任的忠实家庭成员，这与汉语文化中常用的“狼心狗肺”“狗眼看人低”等所表达的含义完全不同。另外，语言的语法结构和表达手法也可在一定程度上反映特定民族的思维模式和性格特点。以英语和汉语为例，英语作为低语境语言通俗易懂、直截了当，正如多数西方人热情外向、开门见山的性格特点；汉语作为高语境语言则相对内敛含蓄、秘而不宣，正如多数东方人隐忍慢热、沉稳保守的特质。

童话、神话、民间故事通常都是以语言的形式流传下来的，文学作品更是通过语言来描述的。不论是童话故事，还是古典小说，事实上都包含了丰富的文化知识。人们可以通过它们来了解历史，祖先的生活习俗。而我们今天常用的一些词汇也是出自这些作品。

以“阿喀琉斯之踵”（Achilles' heel）为例，人们今天把它表示为“致命伤、最大弱点”。在汉语中并没有这个成语，但是有许许多多的人都明白“阿喀琉斯之踵”所隐含的意思，因为这些人熟悉它的出处。人们今天也会在文章中见到这个词的使用。可见，《伊利亚特》这部作品流传之广，它已经跨越了国界，作品中所包含的文化、历史被人们刻在了脑海之中。在今天，人们频繁使用带有这类典故的词语，在跨文化交际中人们也能明白其中所隐含的文化背景。

通过文学作品、神话故事的语言对于文化的后天传承是极有帮助的。文化具有传承性，虽然它在随着时间的变化而变化，但大量的传统文化、传统思想还是得以保留并由一代人传给下一代人，每一代人的身上都有着传统文化的影子，都会或多或少地受到传统文化的影响。传统文化通过文学作品、特别是古典文学作品中大量的典故、传统文化背景知识以及很多成语、俗语、谚语都流传至今得以传承。

（2）语言对应某种特定文化

不同的语言往往对应和体现特定的文化特征。以中美两国的亲属称谓制为例，中国的亲属称谓制属于苏丹式（Sudanese kin terminology），无论亲疏、辈分，每一位亲属都有特定的称谓。例如，妈妈的兄弟姐妹被称作“舅舅”“阿姨”，而爸爸的兄弟姐妹则被称作“伯伯”“姑姑”或者“叔叔”。

美国的亲属称谓制属于典型的因纽特式（Eskimo kin terminology），即父母的兄弟姐妹统一用“uncle”和“aunt”称呼，爷爷奶奶和姥爷姥姥全部用“grandpa”和“grandma”来称呼。对于美国人来说，来自父亲一方的亲戚和来自母亲一方的亲戚是一样重要的，因此就无所谓区分出到底是舅舅阿姨还是姑姑伯伯了。

造成中美两国称谓差别显著的根源在于两国历史和社会道德理念的差异。自古以来，中国人长期生活在重视礼教的封建社会，尊卑有序，以家庭宗法为中心，推崇孝悌，讲究长幼有序，不能对长辈直呼其名，否则将被视为没有规矩，不懂礼法。因此，每个人都很注重各自在家庭当中所处的地位和扮演的角色，非常注意自己的行为举止。

相对而言，美国是一个新兴的熔炉国家，资本主义体制长期占据主要的统治地位。大部分美国人更倾向于小单位的家庭环境，也更习惯于直呼亲属名字，子女一旦成年就渴望独立生存，而父母即使年迈也更愿意住在自己的家里。这样一来，他们的联系通常发生在节假日，自然就不需要像我国一样建立庞大复杂的亲属关系了。丰富和传播其语言是极其重要的措施之一。

（3）语言是文化的载体与写照

由于人的思想是不能直接进行交流沟通的，人们通过说话、写字来表达自己的思想与人沟通，从而进行文化的传播。人们可以通过成语、谚语、俗语或名言警句来学习文化；人们可以通过各种民谣、传说、神话、童话、文学作品来学习文化。在这些方式中，可以看出文化的后天习得与语言密不可分，在文化传播的过程中，语言作为了文化的载体。

（4）文化影响语言的风格

人们经常会遇到这样的情况：在跨文化交际活动中，英语文化的西方人不能接受和理解汉语文化人的推脱委婉，汉语文化的人也难接受西方人的个人主义等价值观，因此人们的思维模式以及说理方式都被文化特点所决定。

中国人讲求“中庸之道”，不轻易说“是或不是，对或不对”，喜欢间接委婉的表达方式，有时甚至为表示礼貌谦虚而说反话。例如，当一个美国人被人称赞他做的菜时，他可能会回答：“我很高兴你喜欢。我是特别为你做的。”相比之下，中国人则通常会道歉“招待不周、做得不好”等。再比如人们在交际时所遵循的礼貌原则，尽管礼貌原则是人类所共同遵循的一个言语交际的准则，但对于礼貌的理解和判定各个民族是有差异的。来自不同文化的人思维方式、表达方式是有明显差异的，运用语言来 交际的风格也各有特色。透过语言，我们可以认识到文化对语言风格的影响，甚至决定性作用。

（5）文化丰富语言的内容

根据时代的变迁不断补充新的文化背景知识，语言作为文化的载体也是在不断地变化，内容和形式也在不断地丰富。当人们在交际时，使用的通常都是当代的语言，我们的交际对象与我们生活在同一时代，没有人总在使用古代的语言或过时的语言与别人交往。试想，当一个中国人和一个外国人用汉语进行交流时，中国人总是满口“之乎者也”，恐怕对方很难理解，双方的交际也很难成功。即使对方明白了你的意思，也会觉得别扭。

文化是不断发展变化的，语言也在不断变化与丰富。2020 年随着新型冠状病毒肺炎（Corona Virus Disease 2019，COVID-19）的爆发，英语文化圈发明了新的词汇“covidiot”，这个词是“covid + idiot”组合而来的，也就是肺炎防治猪队友的意思，通常指不按照规定戴口罩，不按照防疫规定居家隔离，囤积各种生活用品等等行为的人。随着文化的不断发展变化，也使得语言在不断发展、不断更新。

（二）语言的社会交际功能

语言作为一种表达观念的符号系统，是信息最重要的载体。因此，语言所发挥的交际功能是最大的。有人把语言称为“古代文化的活化石”。人类运用语言进行交际，就必须把所创造并共享的一切融入语言当中，再加以口耳相传、口传心授、文字记载等，用语言（含文字）记录、保存并传播、传承。事实上，语言只有记录、承载人类所创造并共享的一切，才能发挥其作为最重要交际工具的作用。

1. 语言和言语

早在两个世纪以前，对于言语和语言，语言学就将其定义为两个完全不同的概念。而在20世纪，语言则正式成为了一门科学，其主要标志就是瑞士语言学家索绪尔的《普通语言学教程》。

语言是一种不可替代的交流工具和思维工具，同时，它也是一种重要的为人们所普遍接受的符号系统。此外，人们在对语言进行识别时可以借助于发音和语言符号。可以说，语言是人类进行心理交流的一项重要工具。

然而，言语则主要是指个体的行为和结果，对言语进行划分可以将其分为两类，即外部言语和内部言语。通过对语言材料和规则的运用，人们进行交流的过程就是所谓的言语。人们的心理交流可以借助于各种语言来实现。可以说，人们进行交流的重要工具就是各种各样的语言。在交际过程中，那些使用多种语言的人们所进行的相关活动都可以成为其中的言语。由此可知，语言作为一种客观现象存在于社会生活中，对于使用特定语言的人来说，它具有统一性，而就某种语言来讲，它所具备的语音和语法规则都是十分明确且稳定的。

口头上和书面上写的话就是所谓的言语。语言本身是一种看不见、听不见的存在，只有借助于“言语”，人们才能真正地看见和听见。言语是语言的起源，对于语言来讲，其生命来源就是社会成员的广泛运用，若语言没有得到充分的应用，则必然会失去生命力。

由此可见，语言存在于所有人的言语中。这主要是因为对于语言来讲，其表现形式就是言语，只有借助于一定的言语，我们才可以更好地完成语言的学习。在研究和讲授语言的过程中，要把言语作为重要的对象和出发点。

言语对语言有一定的依赖性。在交际过程中，重要的基础就是具有强制性的语言，它会对言语产生一定的规范作用。

2. 语言是一种有效的沟通工具

语言的出现大大便利了人类之间的相互交流，使得信息、情感和思维的交换更加便捷和迅速。语言的出现使得同一种族的人类祖先能够更快地了解彼此的想法和需求，实现思维沟通，进而强化群体凝聚性，运用群体的智慧解决外来威胁和内部矛盾，从而加快了人类社会的发展进程。

（三）语言的思维功能

众所周知，思维方式具有民族性，而语言与思维之间的关系又极其密切，所以语言也具有民族性。人类的思维能力具有共性的特点，但我们不能因为这样就忽视语言的多样性，每个民族思维能力的高低不能单凭语言的多样性这一单一的指标来进行判断。

一直以来，语言与思维的关系都受到语言学界的密切关注，但是，直到今天语言与思维的关系仍然没有得到完美的诠释，正因如此，语言学派对于两者之间的关系尤为重视，逐渐成为大量学者研究的焦点。目前，对于语言是否先于思维、语言是否决定思维，语言学界仍然没有准确的定义。语言不仅是思维的工具，而且还可以将人类的思维方式充分表现出来。在合理利用这些思维方式的基础上，语言学家可以总结和概括出人类思维的相关规律。此外，语言习惯和结构方式也会对人类的思维产生一定的影响。

1. 思维离不开语言

（1）思维

与思考不同，思维过程是人们运用自己的思想对现实世界进行理解的过程。思维的种类繁多，主要包括抽象思维、感性思维、发散思维等，语言在抽象思维中是必不可少的，但是感性思维和发散思维对语言的依赖程度却是比较低的。思维是一种能力，是对人类思维和现实进行理解、分析和综合的能力。

（2）思维和语言

语言和思维并不是完全相同的，两者在功能和范畴方面存在着显著的差异，属于两种不同的社会现象。如果在思维中运用语言，那么思维中运用的语言和方言与实际运用的语言和方言具有相互对应性。正因如此，我们需要运用外语思维来学习外语，换句话说，这种语言始终贯穿在我们的思考之中。

由于用语言适当地表达和存储了认知活动的结果，人们可以对现有的结果直接进行推进，不需要对认知活动进行重新研究。思想必须以语言材料为基础，它不能与语言相区分。

2. 语言与思维的关系

首先，语言是思维的物质载体。语言中最小的单位语素、字、词、词组共同组成了我们所说的话，我们需要通过发声体（嘴巴）来将这些话表达出来，没有嘴巴，我们的思维就不能被充分的表达。思维不仅可以用说话来承载，还可以用写作来承载，但是写作也是在语言的基础之上的。在某种意义上，语言包含着主观意识，例如，不同的人具有不同的表述方式，但是却表达出了同样的效果，造成这种现象的原因是：人们的世界观、人生观、价值观是不同的。

其次，思维可以完善语言。有时，人们写东西可以做到一步到位，但是不能说他在写的时候就没有思考，只能证明他具有流畅的思维。人们在写文章或写信时，说什么是他们首先要考虑的问题，随之而来的就是写什么样的书面语言，最后根据需要修改和完善写出来的文章或信件，这个过程需要不断地思考和表达。汉语表达顺序与英语表达顺序之前存在着很大的差异，民族不同其语言习俗和语言习惯也不同。

第二节　语言的起源与发展

一、语言的起源

从 20 世纪 30 年代起，相关的考古学家、动物学家和计算机专家等就开始密切关注与研究语言起源的问题，并取得了一定的成果。语言学家、哲学家等经过多年的研究和推理，提出了许多有关语言起源的假设，其中影响最为深远的有如下几种。

①拟声说和象声说：即认为语言起源于对模范自然界各种声音和现象的模仿。

②契约说：法国哲学家卢梭认为人类为了建立一个平等的社会和沟通便捷，共同约定使用语言作为交流工具。

③生物进化说：生物学家和考古学家认为，由于人类的祖先很早就学会了用双脚直立行走，使得人类祖先的视野更加开阔，呼吸更加顺畅，进而带动了大脑和神经系统的进化，并为语言的产生和发展创造了条件。

随着人类社会的发展，产生了语言，语言在某个时期，占据统治地位的是历史比较语言学，而在此期间，语言学研究的大部分内容都是语言历史，且该历史是由语言的起源与发展所建构成的。后来，随着结构主义语言学的出现，语言学的研究领域才得以扩展。

我们都知道，人类产生语言的前提条件不仅是交流的需要，而且也是发声器官的形成。在劳动中，语言得以发展起来。所以，从某种意义上讲，语言的出现与劳动息息相关，其理由主要是对于语言的创造，劳动提供了必要的条件。此外，随着生活条件和环境的变化，古代人类逐渐学会了直立行走，并且其发音器官也得到了极大的发展，从而使得其可以对各种语言做出调节。由此可见，劳动在一定程度上完善和发展了古代人类的发音器官和思维，进一步推动了语言的产生和发展。

总而言之，语言与人类两方面的起源息息相关。随着人类思维能力的发展，其语言能力也逐渐发展起来，由此可见，语言是两方面的产物，即一方面是人类进化的产物，另一方面是社会发展到一定阶段的产物。

二、语言的发展

人类交际的基本工具就是语言，语言的分化和统一会受到社会的分化和统一的影响。当某一社会走向分化，必然会减少或者停止各个社会部分间的交际。一段时期之后，社会产生语言差异，形成不同的语言。语言发展中变化速度最快的当属词汇的发展，虽然新生事物的出现伴随着旧事物的淡化和消亡，但是在语言的发展中必然会留下印记。

（一）语言发展的途径

1. 语言的接触

人类之间的接触一定会有语言上的接触。不同语言之间的接触，并且是接触之后会对一种以上的语言产生影响。

①词缀借入。在语言接触的过程中，将外来的词缀借入是语言进步的一种表现，因此，语言接触能够渗透到语素层面。例如英语中，很多词都是有英语的词根和其他语言的词缀组成的词。

②词语互借。有很多汉语词汇是从其他语言中借来的，例如浪漫、感性、因果、沙发、葡萄等。与此同时，其他语言也会吸收汉语中的词汇，例如茶、瓷器、丝绸等等，很多词语已经被其他语言借用。

③语音与语法的借代。随着不同国家、不同民族的进一步的接触，不仅是词汇方面出现了互借现象，而且语音和语法方面也出现了借代现象。还有些语言在借入其他语法后原语法消失。

④不同语言的共同特点。两种语言长期接触后，虽然仍是不同的语言，但是会产生一些共同点。语言在语法上有很多相似之处，最终形成了“巴尔干语言联盟”。

⑤双语或多语现象。在一个区域或者民族会出现两种或者两种以上的官方语言，这也就是双语或者多语现象。

2. 语言的融合

（1）语言强迫同化

强迫同化带有强制性，一般是统治者为了巩固自己的地位，削弱统治民族文化意识而采取的强制措施。强迫被统治民族放弃自己的语言和文字，统一使用统治民族的语言和文字，一般情况下是不会成功的。强迫同化一般包括以下几个方面。

①经济同化，指的是某些国家或地区在经济方面发展比较快，有很强的经济优势，那么该国家或地区的语言就会借助经济的优势，逐渐成为全国乃至全世界范围的优势语言。

②政治同化，通过政治的力量加快某种语言的普及速度，强迫大家都使用某种语言，增强这种语言对其他语言的同化力度。

③文化同化，是指通过文化这一社会物质，增强自身语言的优势地位。

④教育同化，教育的普及同样也会进一步推动语言的同化进程。人们从出生之日起就开始接触语言，到了接受教育的阶段，开始学习母语的书面语言，同时学习一些外语。通过对母语的学习和扎实掌握，逐渐将其作为学习其他学科的工具。

（2）语言非强迫同化

这是指一个民族由于欣赏和崇拜另一个民族的语言和文化，而主动放弃自己的语言，主动学习他民族语言和文化的现象。例如，5世纪时期，北魏政权建立，但是当时的统治者鲜卑族非常仰慕汉文化，就直接采取了“断诸北语，一从正音”的政策。当时的北魏统治者要求朝廷上统一讲汉语，禁止讲鲜卑语，大力推行汉文化。像这种主动选择的非强迫同化，是被同化民族的自愿举措，一般都会取得比较好的效果。

通过上述描述，可以看出，仅依靠政治或者军事上的优势是很难取得语言方面的胜利的，最终获胜的也不一定是统治者的语言。在语言同化过程中，能够成为同化语言不仅受到经济、文化、政治等方面的发展程度的影响，还受到人口以及语言自身丰富程度的影响。

（3）语言混合

语言混合比较特殊，与语言同化不一样，它是指两种语言组合到一起，混合之后形成的一种语言。语言混合主要表现为以下两种。

洋泾浜原本是上海租界的地名，是一条河浜。在旧上海，这里有很多外商，华人和洋人杂处，语言混杂。本地华人为了与洋人进行贸易合作，学习讲英语，但由于各种原因的限制，他们会将汉语的语法规则运用到英语当中，在交际的过程中，逐渐形成一种混合语，被称作“洋泾浜”语。这是一种基本词汇来自英语，采用汉语语法的语言，在语音方面也有所改变。

①“洋泾浜”语。世界上还有很多地方也出现过类似的混合语，尤其是在

口岸和国境相邻的地方。例如，“洋泾浜葡语”“洋泾浜法语”等。还有的混合语是多种语言混合到一起的语言，例如“萨比尔”语。所有混合语被统一称为“洋泾浜”。由于很多词汇和语法都来自欧洲语言，所以欧洲语言被当作“洋泾浜”的基础，这些语言一般是传教士和商人与不同语言的人交流的过程中产生的。因此，洋泾浜语是在词汇量有限的情况下，将语法简化的特殊语言变体。这种语言通常用于贸易和雇佣，其交际性十分有限。严格的来讲，它并不是一种语言，只是在外语水平有限的情况下的一种应急措施。

②克里奥尔语。洋泾浜语结构简单，功能单一，但当它被一个语言社团采用，作为母语习得时，它的地位就会迅速提升，语言会迅速丰富起来，成为克里奥尔语。克里奥尔语一般发生在由殖民劳工组成国家或者地区。在这些地方，人们来自不同的民族、地区，语言不通，无法交流。为了能够更好地交流，他们将殖民者的语言洋泾浜化，长时间的使用，并以此作为母语让他们的后代学习，不断扩大词汇，规范语法，形成克里奥尔语。

（二）语言发展的制约因素

人类生活的每个方面都涉及语言，因此，在研究语言发展的时候也要从多个方面寻找影响语言发展的因素。

1. 社会因素

人类主要的交际工具就是语言，但是需要人类对自然界有清楚的认识以及丰富的社会经验，才能真正地发挥语言的交际作用。正是因为语言具有交际性，社会的各种变化都会给语言的发展带来影响，以下两点的影响最大。

①战争。统计结果显示，在历史上只有 600 年左右是完全没有战争的。自从有了人类，就总是会为了争夺各种资源发生战争。每一次战争的发生都会推动不同民族语言之间的相互影响。

②科技。人类从未停止过对自然的探索，随着探索的不断深入，人类的语言也会发生相应的变化。近几十年来，科学迅速发展，人们有了更多的新技术、新发明、新概念，同时创造了新的名词来命名。与新科技相关的词汇如下。

Copy 拷贝

Engine 引擎

Joule 焦耳

Gauss 高斯

Cyberdoc 网络医生

Bluetooth 蓝牙技术

Proteomics 蛋白质组学

Reprogenetics 生殖遗传学

Greenhouse effect 温室效应

Physical agriculture 物理农业

Comparative medicine 比较医学

Concurrent engineering 并行工程

Magnetically levitated train 磁悬浮列车

2. 心理因素

在人类进行交际的时候，必定会受到人的心理影响，语言在受到心理影响后就会发生变化。使用不同语言的人，其对语言的心理也不一样。因纽特人，在他们的语言中虽然没有“雪”这个词，但是有十五个词是用来表达不同状态、不同地点的雪。可见，雪在他们的生活中非常重要。而在英语文化中，雪就没有那么重要了，仅是用“snow”这样一个简单的词汇来表达。

3. 语言自身的因素

言语难免会和语言系统产生矛盾。这些矛盾会导致“出格”现象的发生，有些会转瞬即逝，有些则会保留下来，两者之间一定会存在矛盾，影响语言形式的发展和消亡。通过这种矛盾运动，不断促进语言的发展和变化。

（三）语言发展的特征

语言的发展变化呈现出很多特点，具体包括以下几个方面。

1. 不平衡性

这主要表现在语言各要素之间、不同时期语言发展变化、语言发展在地域上等几个方面的不平衡。

2. 相关性

在语言系统中，语言单位和语言规则之间有着密不可分的联系，每个细小的变化都会引发或大或小的改变，有直接的变化也有间接的变化。例如，汉语在 12 世纪之前是没有轻声的，轻声是在 12 世纪前后出现的语音。

3. 渐变性

语言的变化不是像生物基因那样突然就发生变化，它的变化是一个渐进的过程，语言的发展变化不会发生突变，主要有以下两点原因。

第一，语言是每个人在社会上生存必须要掌握的交际工具，如果语言变化太快，不稳定，那么人永远也无法掌握这一交际工具。

第二，无论是在日常生活中，还是在社会生产中，人们都需要依靠稳定的语言来完成交流、协作以及管理。在社会的发展的推动下，语言也会发生变化，会随着社会的发展而变化，满足社会进步之后人们的交际需要。语言的社会性质决定了语言不但需要稳固也需要发展，为了满足两个相互对立的需求，语言以渐变的方式进行发展和演变。

4. 规律性

语言的发展并不是随意的，也是要遵循一定的发展规律。当然，不同的语言发展遵循的规律不同，同一语言在不同的地区遵循的发展规律也可能不同，并且各个语言子系统的发展规律也有可能不同。但是，有一点是相同的，那就是都遵循一定的发展规律。

三、英语语言的发展

（一）古英语时期

自 5 世纪开始，英语开始出现，但直到 7 世纪才开始有记载。公元 597 年盎格鲁－撒克逊人，也就是我们今天说的英格兰人，皈依了基督教，自此开始有了宗教信仰，同时开始接触古罗马文明。在英国历史开始之前，曾经有几个独立的王国，其中诺森比亚可以说是其中最发达的一个。公元 700 年，诺森比亚成为欧洲最发达的文明，这是欧洲最早的一次文艺复兴，这一时期产生了大量的优秀文学作品。到了 8 世纪，麦西亚王国成为新的文明中心，又过了一个世纪转移到了维塞克斯。大量的斯堪的纳维亚语融入英语中，直到现在，很多借自斯堪的纳维亚语的词汇已经逐渐成为标准英语的一部分。

（二）中古英语时期

这个时期英语的结构有了很大的变化。在 10 世纪初，诺曼底人居住在法国北部，主要使用的语言是法语，逐渐发展成为一个实力强大的王国，并且文明相当发达。在 1066 年威廉一世带领着诺曼底人，横渡英吉利海峡，击溃了盎格鲁－撒克逊人的军队，占领英格兰。在此后的几百年中，都是由说法语的国家统治英国。

在诺曼底人统治英国的几百年间，英国人对入侵的法国人的语言非常反感，因此，法语只是在宫廷和贵族之间使用，并未取代英语在人民大众间使用。即便如此，诺曼底人的入侵也给英语带来了很大的变化。英语中借自法语的词汇有很多。

（三）现代英语时期

1. 现代英语前期

①英语主要元音音变。也就是我们常说的双元音。例如，he 在古英语中读 /hei/，moon 在古英语中读 /mu：n/。这次音变，使得英语中带有这些元音的词汇都发生了变化。

②省略了非重读音节词尾的元音。

经过这两种变化之后，现代英语和中古英语之间有了很大区别。此外，1475 年印刷术传入英国，对英语的发展产生了一定的影响，使英语的拼写更加规范，促进了书面用语的发展。印刷术的引进有助于语言的统一，有效地防止了方言差异的发展。

2. 现代英语后期

18 世纪英语又随着社会的发展经历了各种事，改变了人们对英语的态度。这次对英语用法进行规范的尝试，在一定程度上推动了词典的产生。1603 年，第一本英语词典诞生，一共有 2500 个词被收录到这本词典当中。后来，经过不断的改进，又出版了很多本词典，具体如表 1-1 所示。

表 1-1　现代英语时期英语词典的出版情况

出版年份	词典名称	出版人
1755	《英语词典》	塞缪尔·约翰逊
1828	《韦伯斯特英语大词典》	诺亚韦伯斯特
1928	《牛津英语大词典》	詹姆斯·莫瑞（第一任主编）

英语的语法也是在 18 世纪产生，像拉丁文一样对英语从语法层面进行了分析和论证，也是在此时，拉丁文被引入到英语中。但是由于两种语言是不同的，这样的做法并不正确，英语有它独特的符号、形式以及表达方式。即便如此，在那个时期，拉丁语模式的英语还是被建立起来了，并且在学校中进行传授。从逻辑上来看，语法训练是有意义的，语法有利于保障语言结构的稳定，直到现在英语发展成为全球通用语。

四、语言发展下的汉语语言意识形态

（一）汉语语言意识形态的发展

语言意识形态是人们的语言观以及对待语言和语言变体的态度。全球化给世界各国的语言意识形态带来深刻而持续的影响，引起许多国家和地区单语意识形态和多语意识形态的激烈冲突，不断影响着语言之间的关系。在此大建立标准化、现代化的国家语言文字对于中国实现现代化和国家统一必不可少，但这一语言意识形态当前面临三重挑战。

其一，繁体字、简体汉字和汉语拼音的关系。字体进化论和语言民族主义促进了汉语的现代化，确立了简体字和拼音的合法地位，但繁体字因港台原因被赋予了政治含义。在传统文化助力中国和平崛起的时期，如何处理好繁体字、简体字和拼音在语言秩序中的关系成为中国面临的一大挑战。

其二，普通话和汉语方言的关系。中国现代语言观认为，语言秩序要想助力中华民族伟大复兴，必须要以一种标准化的国家语言为基础。根据这个观点，汉语的多样性是一个社会问题，是对国家统一的威胁，但中国政府将汉语方言的多样性视作语言、文化和经济资源。在现今中国的语言意识形态和语言秩序中，普通话的地位至高无上，如何正确处理普通话与方言（尤其是像粤语这样的强势方言）之间的关系，已成为中国面临的另一难题。

其三，汉语危机。全球化形势下，英语的传播和信息技术的革新已对汉语造成了威胁。例如，中国广大学生将大量的精力花在英语上，影响了母语的学习。英汉接触从多个方面危及汉语。英语和其他西方语言中的话语大量入侵汉语，绑架了中国人的思维。信息技术革新给汉语带来的危机表现在国人汉字手写能力和正式文体写作能力的下降。计算机技术引发的“创新性”用法渲染了汉语。

（二）汉语音译外来词的发展

近些年来，汉语中的音译外来词语素化现象不断增多。音译外来词进入汉语系统实现语素化无疑是语言融合发展的表现，在语言发展的视角下，从历时和共时层面，根据搜集到的音译外来词语素化的语料，对其语素化方式，音译外来词语素化后的构词能力，语素化后构成词词性总体特点进行分析。

音译外来词语素化是指音译外来词在进入汉语系统后，伴随语言发展与其他语素组合构词，由初期借用汉语义或无义到具有稳定语素义的过程。词语的相互借用是语言接触过程中常见的现象。汉语随着东汉末年佛教的传入开始从梵语和世界各语言中借入了大量的词语，大都采用音译的方式。这些词从最初的单纯表音的音节逐渐变成了表义的语素。关于音译外来词语素化现象，近年来许多学者开展了相应的研究。刁晏斌在《现代汉语史》中对外来语素进行分类，谈及音译外来语素并根据时间的推移进行相应举例；还有些学者进行了无义音节语素化和有义音节语素化的区分，并有学者在语素化方式的层面提出词汇降格语素化和音节升格语素化的标准。我们对这一语素化现象从以下角度进行分析。

（1）语素化方式

①音译外来词单音节语素化。这种语素化方式包含两类不同的现象，一种借词本来就是单音节的，译为汉语后对应了汉语的单音节，构成单音节音译词，在语言的使用过程中，逐渐具有了语义，实现了语素化，这一类大多可以独立使用，既是语素，也是词。

★“卡”由英语词“card”音译而来，在引进初期并不具有意义，但随着人们的使用，“卡”实现了语素化，它构成的词例如：卡片、目录卡、借书卡、报名卡、房卡、胸卡、网卡等。

★“晒”由英语词“share”音译而来，它构成的词如：晒客、晒友、晒图、晒创意晒幸福、晒工资等。

★“吧”由“bar”音译而来，由它构成的词如：茶吧、书吧、氧吧、乐吧、吧台、吧友、泡吧等。

第二种借词本来是多音节的，借入后也对应了汉语的多音节，构成了多音节音译词。但在人们的使用过程中，逐渐把其中的一个音节赋予了整个词的语义，并用其代替整个音译词。

★模特“model”——模：名模、男模、车模、洋模等。

★奥林匹克“Olympic”——奥：奥班、奥数、奥赛、申奥、奥运、奥运村、残奥、冬奥会、国奥队。

★黑客“hacker”——客：骇客、红客、蓝客、灰客、闪客、播客。

总的来说，单音节语素化成分比较常用的有：巴、卡、吧、泵、打、吨、酷、派、胎、客、托、瓦、迪、奥、秀、咖、佛、拷等，在音译外来词语素化成分中约占30%。

②音译外来词双音节语素化。这种方式也分为两种，一种是借人词本身即为双音节的，直接语素化为双音节语素，同时也是可以独立使用的词。

★“桑拿”由英语词“sauna”音译而来，由它构成的词语如：桑拿房、桑拿天、桑拿室、桑拿中心等。

★“迷你”由英语词“mini”音译而来，它构词比较灵活，只要有“小”义，即可在其他名词前构成词语，如：迷你裙，迷你汽车、迷你世界、迷你游戏等。

★“逻辑”由英语词“logic”音译而来，由它构成的词语如：逻辑学、逻辑性、形式逻辑等。

第二种是借入词本身为单音节的，但在引入过程中受现代汉语词汇双音节变化趋势的影响，把原词辅音尾音对应了汉语的一个音节，形成了双音节语素，同时也是双音节词。

★“粉丝”由英语词“fans”音译而来，由它构成的词语如：粉丝团、粉丝节、粉丝党、粉丝月等。

★“基因”由英语词“gene”音译而来，由它构成的词语如：基因组、基因历史、基因分类、结构基因等。

★“坦克”由英语词“tank”音译而来，由它构成的词语如：坦克车、坦克方队、主战坦克、两栖坦克等。

双音节语素化成分比较常见的有巴士、布丁、的士、夹克、雷达、淋巴、摩托、纳米、沙发、模特、拉力、幽默等，绝大多数为成词语素，在语素化成分中约占 60%，是最多的一类，符合现代汉语词汇的双音化趋势。

③音译外来词多音节语素化。三音节的语素化成分是最少的，只有 6 个，都为成词语素，占语素化成分的 6%，包括：比基尼、多米诺、高尔夫、马赛克巧克力、三明治。

（2）音译外来词的构词能力

音译外来词语素化无疑是语言发展的表现，是汉语更好地满足人们表达需要的结果。我们把搜集到的音译外来词语素化的语料进行比较，将其按定位语素和不定位语素进行分类，研究其构词的限制条件。

从整体的构词能力来看，在所搜集到的语素化的音译外来词中，我们可以看出“吧、卡、酷、秀”的构词能力较强，“派，咖”的构词能力较弱，其余语素化的音译外来词构词能力大体相当。具体的进一步分类。

★定位语素：“咖”“派”“客”“巴”“模”在构词中位置永远不会变化，均需后置，如“桑拿”“芭”在构词时均需前置。

★不定位语素：如“卡”“秀”“酷”“奥”“的”“迪”“吧”“啤”等，这些音译外来语素在同其他语素组合构词时位置不固定，或前或后，位置灵活。

由上可以看出在音译外来词语素化后，大体上成为不定位语素的要比定位语素的构词能力强，并且由音译外来词形成的不定位语素要比其形成的定位语素数量多。

（3）音译外来词与音节的关系

音译外来词选用的音节分为有义音节和无义音节，音译外来词语素化也分为有义音节语素化和无义音节语素化。

①有义音节语素化。所谓有义音节语素化是指该音节本来就是语素，引入借词时或是表意存在一定关联或纯粹音同而被借用记录音译词，这个音译词在使用中又逐渐语素化了。这种语素化也分为两类，一类是原来的语素义和语素

化后产生的新义存在着某些内在联系。

★酷的原义：程度深的，极。例：酷刑、酷热。酷的新义：cool，形容人外表英俊潇洒表情冷峻坚毅，有个性。例：酷哥、酷妹。

★晒的原义：把物体放在太阳光下照射。例：日晒、晒粮食、晒衣服、晒太阳。晒的新义：（share）展示自己的东西或信息在平台上供大家分享（多指互联网），例：晒朋友圈、晒成绩。

★秀的原义：特别优异的。例：秀丽、秀美。秀的新义：（show）展示，炫耀。例：作秀、出口秀、秀场。另一类是原语素义与语素化后产生的新义间没有任何语义关联，二者之间只是音同形同的关系。

★奥的原义：含义深，不易理解。例：深奥、奥妙。奥的新义：综合性奥运会的代称例：奥委会、残奥、冬奥。

★客的原义：客人（跟主相对）例：宾客、请客、会客。客的新义：指从事某职业或掌握某项技术的人。例：黑客、播客。

②无义音节的语素化。无义音节语素化是指原音节是无意义的，在使用过程中语素化后具有了意义。

★驼：来源于外来词“骆驼”，在借用起初也只能出现在“骆驼”这个词中，只是这个纯音译词的一个表音音节，但在语素化的过程中，可单指骆驼，如驼毛，也可指人身体背部向后成拱形的，如驼背、羊驼。

★巴：来源于外来词“巴士”（bus），本来没有意义，后来有客运汽车的意思，如大巴、中巴等。

★迪：由外来词迪斯科“disco”而来，后指称一种舞蹈，如：蹦迪、迪厅等。

我们通过以上有义音节的语素化和无义音节的语素化举例可看出，音译外来词的语素化在语言使用的过程中，或加速其独立使用，从而先借汉语中原义进而随着时间和其他词组合形成新的语素化，或随着时间，契合汉语的规律实现表音到表意的转化。

（4）音译外来词词性特点

在这些音译外来词语素化的现象中，我们也不难发现这些语素化的音译外来词，在构成新词中名词性占比例最大，动词性所占比例较少，在现代汉语中名词是表示人、事物的名称，动词表示动作行为，心理活动或存现等。音译外来词进入汉语系统要首先构词，然后获得意义而实现语素化，总的来说在现代汉语中动词的使用要比形容词和名词复杂，在音译外来词语素化的初级阶段，产生的动词相对少，只有秀、晒、拷贝等几个。

随着当今世界科学技术和社会进步，中国的开放程度越来越高，音译外来词会越来越多，引进的周期也会越来越短，这些音译词在使用中会产生发展变化，其一便是语素化。音译外来词语素化影响了汉语中最稳定的语素系统，对音译外来词的语素化研究，也将对现代汉语语素的理解和认识起到补充和发展的作用，让我们更充分认识到语言发展的过程和规律。

五、网络语言的发展

（一）网络语言的定义及特点

所谓的网络语言，主要指依托网络发展而产生的，不同于传统语言表达形式的一种表达方式。而且这种语言以实际应用为主，使人们在聊天的过程中取得了良好的效果，也能够进一步满足当前网络聊天过程中的实际需求。这种语言，能够在一定程度上为人们的日常交流提供极大的便利性。与此同时，网络语言跟一些专业的术语有很大的区别，它是在某种特定的环境过程中产生的，与人们自身的实际生活紧密联系。网络语言在当前的运用和发展的过程中，表达形式繁多，比如拼音或者是英文字母等。

当前网络语言在整个社会交往的过程中成为一种重要的媒介，而且这种语言在表达的过程中与实际生活的表达方式有很大的差别。网络所呈现的社会交往群体主要是通过一定的语言表达自己的内心世界，这在一定程度上可以使网络友人之间进一步密切交流，与此同时，通过这种专业网络词汇的运用，能够在其阐述的过程中进一步表达自身的某种思想或者是价值观念。在具体的交流过程期间，人们为了能够更好地强化网友之间的交流，可以尽可能地创造一些贴近实际生活的词汇或者句子，而这些句子主要是人们在进行汉语交流的过程中所产生的一种词汇。在此基础之上，他们通过适当地添加符号或者数字，利用一些病句或者是错别字的方式，形成人们在交流和沟通过程中的一种新型的语言。这种语言在进行交流的过程中与传统的语言有一定的差别。网络语言就当前的发展情况来看，更贴近人们的生活，风趣幽默，理解起来比较简单，这些特点在使用过程中更便于网友之间的交流和沟通。与此同时，这种新兴的网络语言无论是对整个风格的呈现，还是具体的语体表达等方面，和当前的汉语表达形式有着很大的差异。网络语言由于自身在其发展的过程中具有极大的创新性，因此逐渐被普通民众接受，在人们的日常生活中也得到了广泛应用。

此外，这种语言由于其自身的趣味性，能够更加准确地表达自身的想法和观点，人们通过这种幽默的形式，对自身的想法进行论述和说明，这也使得人们在后期的社会交往过程中更加方便。

（二）网络语言对语言发展的影响

从正面影响分析看，首先，整个网络语言的不断丰富化和完善化，为当前汉语言的发展增添了新的力量，而且整个网络语言由于其创新性等优势，极大地丰富了当前语言文学的表达形式和特征。但是，从整个文学的发展层面来看，汉语研究能够通过不同的数字或者是谐音进行替代，能够更加准确地表达人们自身的想法。在某种程度上来讲，这能够极大地丰富和完善当前的汉语言文学载体，丰富其表达方式，让语言运用更加灵活，表意更简单明了。此外，这种语言在其发展的过程中，由于其创新性，使得整个汉语言文学载体在表达的过程中更加生动、有趣，而且也能够拉近人与人之间的距离，进而使得人们之间的交流更加密切，更加活跃。比如从比较早的“网上冲浪”“GG/MM”，到后来的“蓝瘦香菇”，还有现如今的各种缩写表达，例如：“pyq”意思是“朋友圈”，“SK”意思是“生快 / 生日快乐”。

从不利影响来考虑，由于网络语言在进行文字结构组成和表达方面不够规范化，人们在进行相关言语交流的过程中，为了能够使自身的语言更加幽默，通常会通过一些生僻字或者错别字进行表达，这与当前汉语运用的规范性是相违背的，与此同时，人们会对一些重要的文字产生曲解。另外，人们在具体的学习过程中会更多地接触到网络上的一些语言，由于这些语言在其表达过程中不够规范，因此，在网页观察和浏览的过程中就会对自身良好文化素养的发展产生一定的影响。

（三）网络语言发展的意义

网络语言在其发展的过程中能够使当前的表达方式更加地多元、丰富。在使用的过程中，其形式比较多样，因此能够为整个语言的发展提供更加可靠的理论依据和丰富的素材。但是整个网络语言在不断地向前发展，而且受到人们过多的关注，因此与人们自身的生活密切相关。在具体的运用过程中，人们通过吸收一定的网络语言，在后期的运用过程中能够更加地合理化、准确化，这使当前的整个汉语言文学的表达效果达到最佳。与此同时，还可以充分利用多媒体网络平台，满足当前教学发展的目标和要求，进一步强化人们在整个汉语言文学学习过程中的积极性和主动性。这种语言的推动，能够促使当前汉语言文化向着国际化的方向发展。

当前经济不断向前发展，国家与国家之间的交流更加紧密，不同国家之间的文化和交流，在一定程度上必须要通过一定的网络形式进行沟通。因此，通过这种网络语言的合理有效应用，在此基础之上，汲取当前汉语言文学在其发展过程中的一些经典要素，进而将其拓展到整个国际社会大舞台上，国与国之间语言和优秀文化的交流得以稳定地向前推进和传播。

当前国家对于网络信息技术的研究力度进一步加大，因此，整个网络语言的向前发展是整个社会发展的必然，也是重要的趋势。网络语言的向前发展，能够极大地丰富整个汉语言文学在其表达过程中的效果，但是随之而来也会存在一些潜在的问题。针对这些问题，我们必须要以一种合理化、科学化、专业化的态度进行应对。在进行相关内容学习的过程中，必须要进一步明确当前整个网络语言在其发展过程中的主要影响和意义，将其作用发挥到极致，进而稳步提升自身在整个汉语言发展过程中的水平和能力。

第三节　语言学相关理论综述

一、索绪尔的语言理论

索绪尔被称为现代语言学的开山鼻祖，他的研究重点为语言的本质及整个语言系统。索绪尔认为“语言是一种表达观念的符号系统”，他明确了语言符号和非语言符号既相互独立又可以相互转换，人们对自己的想法有多种表达形式：口头语言、体态语言、符号道具等等形式。

（一）社会性

语言行为首先具有社会性，有共同的线性特征，是静态的符号“语言”，具体是指全体社会成员在交际活动中语言的语音、语法和词汇系统，语言具有稳定性，会随着社会的发展变化而变化。语言状态中是以组合关系和聚合关系为基础的，构成句子的每一个语言符号是按照时间顺序互相并列、依存和制约，从而形成了彼此之间的联系，按照水平方向的顺序完成，特定语句中的词语通过联想作用纵横交织、聚合在一起，按照语言的结构构成完整的语句。

（二）个别性

语言行为结构还具有个别性，因人而异，是动态的“言语”，是个人在实践活动中的语言应用，由于个体的言语风格和表达方式不同，言语具有多变性。索绪尔认为语言结构是一套完整的规则系统，完全符合人们进行实践活动的语言运用机制，具有整体性的语言结构是由许多个语音因素组成的，因素的变化导致了语言结构的变化，导致整个语言系统的变化。索绪尔的结构主义理论运用到不同的研究领域，形成了语言学结构主义、社会学结构主义、心理学结构主义等不同的学派，也影响了多门学科的理论形成。

二、布拉格学派

这个学派是欧洲结构主义的重要学派，特鲁别茨科依是这个学派的杰出代表。这一学派的贡献主要有：对于音位学的研究；对语音在音位中的功能研究；根据语音的区别性特征来确定音位之间的差别；音素与语法形式的关系；文体变异研究；非语言音素在交际中的影响等。这一学派的主要观点如下。

①语言系统可以分离出共时研究和历时语言研究。

②语言系统中的语言成分由于彼此功能上的对比或对立而独立存在，因此才能对语言结构做出系统性、正确性的评价。

③语言是由某一语言社团通过语言功能来完成其实践活动的工具。

这一学派认为音位具有语言行为结构中的社会性，即属于语音中的“语言”，在此基础上提出了音位的概念，是语音系统中若干个不同功能的抽象单位共同组成的，这些区别性的语音特征与整个对立系统、对立成分之间的关系以及区别，就是音位分类的标准。

三、哥本哈根学派

在索绪尔结构主义的影响下，形成了以丹麦学者叶姆斯列夫为代表的欧洲哥本哈根学派。他们认为语言形式是由特定的语言结构进行的语言描写，语言因素和语言意义没有结构可言，他们只是独立存在的两种事物，语言作为一门学科要研究语言成分之间的内部关系，为此他们还试图建立一门新型的语言学——语符学。

这一学派对一切符号都十分重视：交通信号、电报代码、语言符号等，任何语音都可以找到相对应的符号，试图用形式语言符号代替自然语言。他们认为语言有形式与实体、内容与表达方面的区别，由此能组合出四个不同的语言层次：内容实体与形式、表达形式与实体，语言形式属于语言本身而语言实体则是语言的外部表现，语言的任务就是沟通和联系内容、表达实体。

哥本哈根学派认为语言关系主要有依赖、决定和并列三种关系。

①两个语音成分相互依赖，互为规定。

②两个语言成分只能由一种语言决定另一种语言。

③语言成分既不互相规定，也不互相排斥。

四、英国语言学派

（一）马林诺夫斯基的理论

他的最重要的理论是关于语言功能，他认为语言是一种行为模式，话语的意义来自表达者所要表达的上下文之间的关联。他的理论来源于原始社团中语言的用途和社会中儿童以语言的功能为基础学会语言和表达，语言环境对于话语的理解是很重要的，人们的话语意义和环境是分不开的，人们不能仅从语言的结构和因素来分辨和理解话语的意义。

马林诺夫斯基基于话语对语言环境的重要性，划分出三种人们能表达话语意义的语言环境。

①与身体活动有直接关系的环境。词语的意义通过语言功能体现出来，人们学习词语的意义也是要在语言环境中恰当地使用这个词，那些表示行为的动词，人们通过积极参与这些个词语所表达出来的语言功能进而进一步采取行动和参与行动，从而获得了词语的意义。

②话语叙述的环境。这个环境包括话语当时当地的环境和话语叙述中所指出的环境两种。前者由语言叙述当时各个主体的认知、智力和情感等变化组成；后者则是通过语言叙述获得的环境。

③寒暄交谈时的环境。在1935年他又通过发表著作进一步完善语义学理论，提出了两个关于语义在情境中的功能的新观点：①规定语言学的研究素材，真正的语言是发生在实际的语言环境中，而且是完整的话语表述；②语音的意义是存在于一定的环境之中。

（二）弗斯的理论

弗斯在批判地继承马林诺夫斯基的“语言环境”和“意义是情境中的功能”理论的基础上认为语言是人类社会生活的一种方式和一种过程，不是约定俗成的语言符号。弗斯的研究也是在语言环境中研究语言的各个组成部分及它们之间的关系。他认为语言研究是社会研究的一部分，语言学的研究能够帮助人们认识社会的本质。

弗斯从四个层面进行语言学的研究，讨论语言的意义。

①语音。语音的功能是由语音在语句中的位置、这个语音位置上还可以出现的其他语音的对立所构成的。

②词汇和语义。分析词义和词汇的搭配关系。

③语法。从形态学层次研究词形的变化，从句法层研究语法的组合。

④语言环境。语言运用的环境和语言的意义。

弗斯还在 1948 年提出了“韵律分析法”，这是他对语言学研究的又一重大贡献。他认为人的话语是由音节组成，构成话语聚合关系的是准音位，就构成了语句中的韵律成分：英语单词中的重读、音节中的鼻音、硬腭化音等等。语篇构成了话语的基本单位，语篇的层次拆分可以分析语篇的韵律成分。

第四节 语言应用研究的意义

一、全面认识语言

语言是人类最重要的交际工具。语言的神秘、语言的力量以及语言的运用等一直为人所注意。因此，自从有了语言，人们就开始关心语言问题。语言涉及的方面很多。不同的时代，不同的人，出于不同的目的，对语言有不同的观察角度，这就形成了不同的语言学科。应用语言学是从语言应用角度研究语言的一门学科。

为什么要开展语言应用的研究？这是一个既简单又复杂的问题。多少年来，人们都希望知道语言是什么，进行过大量的研究和探索，逐步形成了一门独立的语言学。在这个过程中，一些非常有影响的理论认为只有为语言而研究语言才能认识语言，才能建立真正的语言学。因此，在相当长的一个时期里，人们把研究的重点集中在语言的本身。然而，随着语言研究的深入，人们认识到语言研究并不像原来想象的那样可以把语言封闭起来进行。语言是社会历史发展的产物，是在运用中存在和发展的。没有语言的运用，就没有语言。因此，要全面认识语言，真正认识语言，必须结合语言的应用来进行。例如，为什么一个人在不同的场合会使用不同的表达方式？为什么明明是两个不同的音，有人却听成相同的音？为什么同样的词语会产生不同的交际效果？离开了语言的运用，单从语言本身是无法回答这些问题的。

二、促进社会的发展

语言是交际工具，语言研究应该研究如何使这一工具更好地为使用者服务。随着社会的发展和科学技术的进步，语言的交际职能在运用语言的过程中不断改善和扩大，促使语言文字应用范围不断扩大。而语言文字应用范围的扩大，又反过来对社会发展和科技进步起一定的促进作用。

三、促进新技术的发展

新技术的发展，也会影响到语言。例如，随着印刷机的出现，语言的应用得到了进一步扩大：语言不仅能够以文字形式传给下一代和遥远的地方，而且传播的速度也发生了变化，因为印刷术可以使书面语言以很快的速度大量印刷，广为传播。录音机和电话的出现，语言不但能够以书面形式得以保留，而且也能够以语音形式得到保留；不但能以书面形式传送到外地，而且能以语音形式迅速传递到远方。现在，由于电视、传真、复印、录像、激光照排、卫星通信、模式识别、电子计算机等先进技术和设备的出现，更把语言的应用提高到一个新水平。尤其是近年来计算机科学的快速发展，信息高速公路的出现，使得语言的发展进入了一个崭新的阶段。人们可以通过电子邮件迅速地传递各种信息，BBS 和聊天室更是使人在虚拟的世界里以前所未有的速度传递各种信息。在这里，网友们可以无拘无束地使用自己乐于使用的词语讨论自己感兴趣的问题。各种新的语言现象通过互联网广泛而迅速地传播，形成了颇具特色的网络语言，而这些网络语言有的又很快地通过使用者涌入社会，为语言使用注入了新的活力。

由此可以看出，语言应用的范围随着时代的发展不断地发生变化，它的范围每扩大一步，都会使语言的交际职能得到明显的提高；而与此同时，语言使用的范围越广，我们要研究的问题也就越多。今天，语言文字已经深入社会生活的各个方面，起着越来越重要的作用。

第二章　应用语言学的性质与范围

应用语言学是语言学的重要分支，应用语言学注重研究语言在各个领域中的实际应用，着重解决现实社会中的实际问题。本章分为应用语言学的产生与发展，应用语言学的内涵与特点，应用语言学在语言学中的地位，应用语言学的研究范围，应用语言学的发展前景五个部分。主要包括：应用语言学的产生原因，国内外应用语言学的发展，应用语言学的定义及特点，语言学概述，应用语言学三大转向，应用语言学研究方法发展趋势及问题分析等内容。

第一节　应用语言学的产生与发展

一、应用语言学的产生

应用语言学这门学科产生主要是由以下两个方面的原因决定的。

（一）语言学理论发展到一定阶段的需求

在 19 世纪，历史语言学和比较语言学是语言学的两个主要分支，它们分别研究语言的历史变迁和同源语言之间的相互关系。到了 20 世纪二三十年代，语言学的研究方向和研究方法发生了很大变化。诸多语言学派，如布拉格学派、日内瓦学派、语符学学派和伦敦学派，都在不同程度上接受了瑞士著名语言学家索绪尔的结构主义语言学观点。索绪尔把语言看作是一种结构和一种社会现象，他的这种观点正是那些从事语言学应用研究的学者们所感兴趣的。我们可以认为，索绪尔提出的结构主义语言学是应用语言学产生的一个理论基础。

（二）英语实践教学发展的需求

20 世纪 40 年代左右，出于某种特殊需求，美国需要大量派兵出国作战或在国外驻军，因此学习所在国的语言便成了美国军队的一项紧迫任务。当时美国政府制定了一项名叫 ASTP（Army Specialized Training Program）的特殊语言训练计划，要求在最短时间内，培养学员的外语会话能力。美国一些语言学工作者参与了这项培训计划的制订和实施，并根据语言学理论和实际教学情况，创造了一些新的教学方法，如“语料供应人面授法”和“口语法”等，收到了很好的教学效果。这种理论与实践相联系的做法引起了美国语言学界的广泛注意，应用语言学在这种情况下诞生。由此可见，英语教学的需求是应用语言学产生的实践基础。

二、应用语言学发展

（一）国外应用语言学的发展

1870年，波兰语言学家博杜恩·德·库尔德内首次提出应用语言学这一术语。他指出：开始分化为应用语言学是运用纯粹语言学的知识来解决其他科学领域的各种问题。20世纪以后，语言科学得到了进一步发展，开始分化为应用语言学和理论语言学。20世纪40年代，由于军事、科技等的需要，外语教学得到发展，人们开始重视应用语言学。1946年美国在密执安大学建立英语学院，并出版著名杂志《语言学习》，其副标题为“应用语言学杂志”，这便是世界上第一本冠以“应用语言学”的杂志。从此，应用语言学作为一门独立的语言学科，受到学术界的承认和接受。

（二）国内应用语言学的发展

中国外语界应用语言学的发展离不开桂诗春先生的努力。1978年，全国外语教育座谈会召开。会上，桂诗春先生发出了“引进应用语言学”，创建“符合我国实际的应用语言学体系”的呼吁。1980年在广州召开“应用语言学与外语教学”学术研讨会；1981年中国外语教学研究会成立；2002年中国英语教学研究会正式成为国际应用语言学会会员。随后，中国应用语言学研究蓬勃发展。2011年我国承办了第16届世界应用语言学大会，标志着我国应用语言学在与国际接轨方面迈出了坚实的一步。

纵观国外和国内应用语言学的发展，西方的应用语言学起步早，主要研究语言教学。相较而言，国内的应用语言学起步晚，且国内外语界的应用语言学受到国外语言学发展影响，研究的主要内容也是外语教学，核心是二语习得。从本质上而言，国外应用语言学是现实需要催生的，而我国外语学界的应用语言学是引进，其初心是与国际接轨，提高我国应用语言学领域在国际上的学术话语权。从应用语言学的发展历程上来看，应用语言学的本质重在应用，具有应用性。

第二节　应用语言学的内涵与特点

一、应用语言学的内涵

（一）应用语言学的定义

应用语言学这一概念自 19 世纪末由库尔德内提出以来已有一百多年的历史，尤其进入 21 世纪以后，语言学科得到了进一步发展，应用范围空前扩大。卢植认为，应用语言学是从属于语言学下的一个学科，广义上是指语言实践的社会方面，如语言政策，语言规划，语言的社会文化转移性，语言的人工智能过程，机器翻译等；从狭义上说，应用语言学主要研究将音位学、音系学、形态学、词汇学等有关语言的知识应用于语言教学。于根元将应用语言学定义为“研究语言本体和本体语言学同有关方面发生关系的学科”。

学者们对应用语言学的定义大部分是从广义和狭义两个角度去界定的。广义的视角在于强调应用语言学的功能；狭义的视角在于强调应用语言学就是研究外语教学或二语习得。此外，值得我们注意的是，他们不仅提出了应用语言学的功能，还明示了应用语言学的分类及类别之间的关系，都是从宏观上对应用语言学进行定义的，共同点是强调与其他学科的交互性，不同点在于还强调关注语言本身。

（二）应用语言学的界定

通常情况下，能从广义和狭义两个方面对应用语言学进行界定。语言学和其他学科互相融合形成的新语言学科即广义上的应用语言学，它研究语言的方法主要是对其他学科的研究方法和手段进行综合得来的，是为了建立一门新的学科。而狭义上的应用语言学指的是，在语言教学中，应用研究语言习得心理等语言理论，来对不同语言之间的差异进行比较等。

二、应用语言学的特点

（一）应用语言学具有独立性

首先，应用语言学具有独立的理论，即交际理论、认知理论及社会文化理论。

其次，应用语言学有完善、系统的研究方法，如观察法、日记法、实验法、访谈与问卷等。

最后，应用语言学有独立的研究对象和研究目的，如应用语言学以计算机和语言为研究对象，探索机器翻译如何达到更好的效果。

（二）应用语言学具有跨学科性

应用语言学虽有自己的理论，但是由于其研究广泛和学科发展，需要借鉴、吸收、融合其他学科的理论，如层次理论、动态理论等。桂诗春认为狭义的应用语言学研究涉及语言学科、语言学的相关学科、教育相关学科三个方面的知识框架。从桂诗春先生对应用语言学的描述中，我们可以看到应用语言学学科框架的跨学科性。

（三）应用语言学具有应用性

随着跨学科的不断发展，应用语言学更加注重着眼于解决现实世界中与语言有关的各种问题，这体现了应用语言学的思想——聚焦应用。应用语言学的发展为研究其他学科提供了一个新的视角，这有助于打破学科思维和局限性，促进跨学科发展。

（四）应用语言学具有社会性

应用语言学发展立足于服务社会，与社会功能、结构紧密相关。文秋芳指出，当下我国应用语言学仍处于“跟跑阶段”。这意味着我们对本土问题重视不够，中外国情和历史文化不同，我们面临的问题也不同。我们应该立足本土，去发现、解决我国的实际问题。

（五）应用语言学具有可实验性

对应用语言学简单的理解就是把它当作一个试验田，将理论运用于实践，并检测理论运用的实际效果。比如，我们想要测试一种教学手段是否有效，就必须采取实验的方法，而且这种实验的方法除了时间上的持续性，还要有研究对象的可实验性。

第三节　应用语言学在语言学中的地位

一、语言学研究与分类

（一）语言学的含义

1. 语言学是为了揭示语言及人类的本质

从不同的角度来看，不同的语言其本质是不同的，每一种语言都需要一种语言学来阐明其本质，因此，语言学家从不同的角度出发，运用不同的方法来研究语言，逐渐地出现了一些不同的语言学流派。语言学流派百家齐放，虽然某一种流派的影响对当时的社会和人们的意识产生了很大影响，但随着语言学家的不断创新和深入研究，这一流派总是会被修改和取代的。由此看来，总结出某一具体的结论并非语言学的真正价值所在，而在于认识论和方法论的价值。在语言学的发展历史进程中，虽然这些流派各不相同，属于不同的分支，但是其都是异同共存的。

2. 语言学是研究语言的一门学科

从科学的角度来看，语言学即一门专门的学科，人类的语言是其研究的对象，概括来讲，语言学对语言的本质、结构、功能和特征做主要研究。

纵观人类文明史，对语言的研究很早就引起了很多哲学家和逻辑学家的注意。但当时的研究还不能称为语言学，只能被叫作语言研究，原因是前人只对书面语言记录做研究，简而言之，就是对典籍做含义解释，或者对古书做校勘和训诂，又或者是进行哲学探讨，总的来说就是为了发展其他学科而进行的，对语言本身特性没有关注，因此，这些研究我们称之为文字学或语文学。

（二）语言学研究的起源

17、18 世纪，英国继续殖民扩张，印度成为殖民地，印度的梵语得到了来自欧洲一些学者的注意，他们发现希腊语、拉丁语等这些来自欧洲的语言与之具有相似之处。在 1876 年举行的加尔各答皇家亚洲学会上，英国东印度公司的一名官员以论文的形式就梵语与欧洲一些语言提出了假设，指出这些语言具有一定关系，之后，语言的比较研究逐渐兴起并发展到了一定高潮，历史比较语言学学科也受之影响，慢慢诞生并发展。随着历史比较语言学的发展，以往单一语言研究的局面被打破，语言学也逐渐发展为一门独立的学科，不再是哲学等其他学科的附属学科。

（三）语言学的分类

从上文中我们简单了解了语言学研究的起源，按照时代发展的不同，语言学大致上能分为四大类，即传统语言学、历史比较语言学、现代语言学、当代语言学，每个大类又可分为几小类，如图 2-1 所示。每一类语言学的研究对象及性质都有所不同，所以深入了解每种语言学对我们研究语言学这一大类具有重要作用。

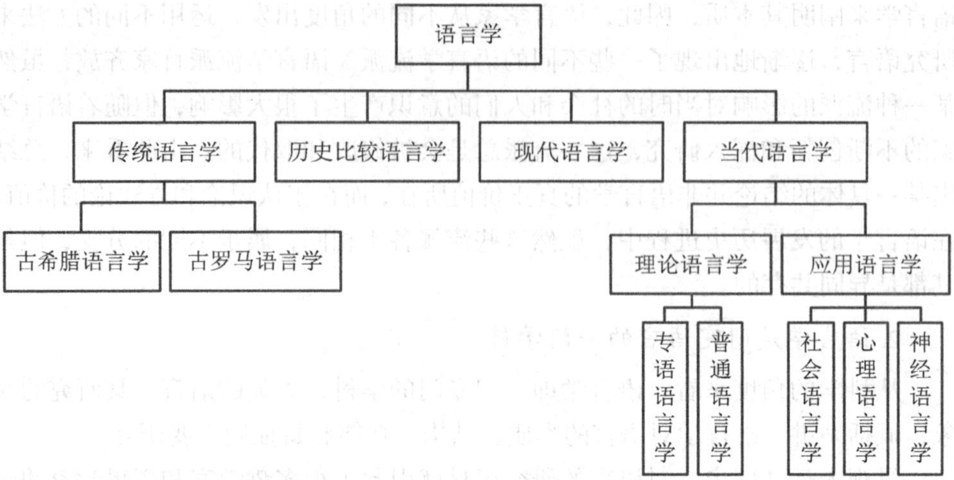

图 2-1　语言学分类

二、应用语言学是语言学的组成部分

语言学大体分成三个部分。一是本体语言学，主要研究语言本身，如现代汉语、古代汉语、语法学、词汇学等。二是应用语言学。三是语言学理论，语言学理论是本体语言学理论和应用语言学理论的融合和提升。属于本体语言学的理论的基础部分是普通语言学。属于应用语言学的理论是应用语言学理论，其中又分为应用语言学基础理论和应用语言学技术理论。

基础理论不是学科基础部分的理论，而是理论的基础部分。应用语言学不只是语言学理论的应用而本身没有理论，应用语言学不跟理论语言学相对。基础研究指的是基础理论研究，同基础工作不完全相同。

应用语言学同本体语言学有分工又有联系。例如，语法谈结构属于本体语言学，谈一般语言运用就跨界了，谈规范就属于应用语言学了。修辞本来是语言运用，谈修辞格一般放在本体语言学里，谈语言风格和作家作品语言放在应用语言学里。词汇学基本上属于本体语言学，新词新语研究跨界了，是应用语言学的重要组成部分，人名、地名的文化属性的研究更属于应用语言学了。

应用语言学是交叉学科，研究的是语言本体和本体语言学同应用方面交叉的部分。例如语言教学，研究的主要不是语言本体，主要也不是教学本体，而是语言教学，但是一定要研究到语言本体和教学本体，而且应该为语言本体的研究和教学本体的研究作出贡献。又如播音学里停连、适听化、立体化等问题的探讨跟口语和书面语的关系、生活语言的改进等都有密切关系。

现在，文字本身的许多研究，放在了应用语言学里，是一种交叉现象。有的本体语言学为主的成果如教学语法，不宜放在应用语言学里。不要混淆了应用语言学的大的界限，不要把应用语言学当作什么都可以往里面装的筐。不属于应用语言学的往应用语言学里装，不是对应用语言学的重视，而是对应用语言学的误解，也是对语言学其他部分的误解。

在还没有独立的应用语言学学科时，过去的普通语言学里包含了一部分应用语言学理论。应用语言学理论要从普通语言学里分离出来，但是两者还是需要有交叉的部分。应用语言学理论同普通语言学有分工又有联系。应用语言学要为推动普通语言学的发展，要为语言学理论作出贡献。

第四节　应用语言学的研究范围

一、语言教学

语言教学是应用语言学最主要的分支，它对于语言教学尤其是外语教学具有十分重要的意义。语言理论与语言教学有着密切的关系。语言学是以语言为研究对象的科学。语言教学是以语言为传授内容的活动。语言理论为制定教学大纲、为教师确定教学原则与教学方法提供理论依据。而基于语言学研究成果的教学语法和教材则可以直接应用于语言教学。

纵观语言教学史，每次教学目的和教学内容的更新都来源于语言理论研究的突破性进展。教师可以从语言理论中获得语言洞察力。语言理论有助于语言教师根据不同的教学对象，有针对性地确定教学内容和重点，高屋建瓴地驾驭教材和教法。有了好的教学大纲和好的教材，还需要有好的师资。师资培训是非常重要的工作。师资水平不高，其他条件再好，也无济于事。外语教学的效果在很大程度上取决于教师的语言水平和语言教学理论水平。要改革外语教学的内容和方法，就必须注意更新教师的语言观和语言教学观。教师应该努力成为优秀的课堂教学的策划者、课堂活动的组织者和引导者、外语学习的促进者和咨询者、学习进度的控制者、实践活动的协调者和评论者、学习效果的观察者和研究者。

二、词典学

应用语言学的另一个重要分支是词典学，包括词典史、词典编纂原则、词典编纂法等。词典是为读者解疑释惑、极为有用的工具书。知识性、稳定性、实用性是词典的灵魂。高质量的词典对于提高人们的语言水平起着非常重要的作用，不论是社会科学工作者还是自然科学工作者，只有语言水平提高了，阅读能力和表达能力才能加强。任何人都离不开词典。词典学的研究大有可为。新的语言学理论为词典体系构思、总体设计展示了新的途径。随着现代语言的日益发展，按照不同需要来使用词典的人越来越多，这就给词典编纂者提出了更高的要求。我们必须在词典的宏观结构和微观结构上进行更加深入的研究，编写出能适应 21 世纪读者需要的不同类型的词典。这些词典应该互相配合、互相补充，从总体上提供语言信息和知识信息，使我国的词典形成个完整的体系。

三、翻译

翻译也是应用语言学研究的一个重要领域。翻译要把原作的思想内容、感情色彩风格特点等都尽可能地用贴切的译文语言完全、充分地传达给读者。语言的表层结构与深层结构的不一致性、语言的模糊性、不同体裁作品结构的特殊性、不同民族在文化上和思维方式上的差异性、不同作者的不同风格与个性等诸多因素决定了翻译的复杂性和非模式性。

四、标准语的建立

应用语言学还研究标准语的建立、语言规范化、文字的创制和改革。建立通用于各方言区的标准语非常重要。应用语言学要解决的问题是如何选好这种标准语的基础方言和标准音。文字改革包括文字系统的部分改进和彻底更换。辞书编纂是应用语言学的重要分支。词汇是语言中变化最快的部分，新词新义不断涌现。及时、准确地把这些新词新义固定在词典中，指导人们如何运用，这是辞书对语言规范化的作用。翻译也是应用语言学的重要分支。笔译和口译是在两种语言之间进行的创造活动。如何处理好意义的传达和形式的转换，有很多问题要探讨。除上面这些课题外，一般应用语言学还涉及专业语言研究、建立国际辅助语和速记系统等。

五、机器应用语言学

机器应用语言学研究如何利用电子计算机等先进工具来处理自然语言，包括以下课题。

①实验语音学。电子计算机得到运用以后，语音实验从音素音节分析扩展到成句成章分析，同时超音段特征成了重要研究对象。除了语音分析，还有语音合成等。

②机器翻译。电子计算机和语言的最早结合开始于机器翻译。它开辟了计算机非数值应用的领域，同时又为许多语言学理论和方法及许多技术成果提供了一个广阔的试验场。

③情报检索。情报检索中的关键是情报检索语言的建立。这种语言应能准确表达文献主题和提问主题所需的词汇语法，不会产生歧义，并且便于用程序运算方式进行检索。

④汉字信息处理。汉字字形繁复，字数庞杂，而且存在大量的一音多字、一字多音现象。这给编码输入带来很多麻烦。为了使编码简单易学、操作方便、输入迅速，我们需要对汉字进行多方面的研究。机器应用语言学除了以上这些课题外，还涉及自然语言理解、言语统计和少数民族语言的信息处理等等。

第五节　应用语言学的发展前景

一、应用语言学三大转向

应用语言学在其发展过程中经历了不少范式的转变，正是这些转变将枯燥的学术之路转化为一个充满转折（turns）的学术旅程，而每经过一个转折，我们都能收获惊喜。例如，20 世纪 90 年代中期的社会转向使我们不再将语言学习仅仅看作是大脑内部过程；21 世纪第二个 10 年兴起的积极转向使我们的视野不再局限于影响学习的消极因素，而是拓展到如何为语言学习创设积极情感环境。所有这些转向不断深化我们对语言教与学的认知，也推动着我们探究新领域。

（一）社会转向

20 世纪 90 年代中期，应用语言学者开始关注语言学习的社会维度，标志着应用语言学社会转向的开始。这一社会转向将学习者和教师看作积极的能动性主体，并认为学习者是复杂的社会个体，他们与社会环境的相互作用影响着语言学习过程或结果。许多理论（如社会文化理论、情境学习理论等）强调社会环境在语言学习中的重要作用，其中社会文化理论（socio cultural theory，SCT）尤其受到学者们的关注。

1. SCT 概述

SCT 认为一切高级思维都受中介调节，而语言是最主要的中介工具。教育语境下，专家（如英语教师）为新手提供的最为有效中介是基于学习者最近发展区而提供的辅助。因此，教师为学习者提供有效中介的过程实际上是一个共建过程；教师需要依据他们对学习者能力的即时判断不断调整对学习者的辅助策略。学习发生的证据在于学习者之前需要辅助才能产出的语言形式可以由学习者独立用于语言产出；证据还可以来自中介（反馈）提供者为学习者提供的辅助，如果辅助越来越隐性，而学习者又能在此情况下逐渐脱离对显性辅助的依赖，这就表明学习正在或已经发生。

2. 基于 SCT 的语言教学

SCT 坚持理论与实践的辩证统一，即实践论（praxis）观点，认为理论为实践提供基础，同时又需回应实践需要。受实践论影响，动态评估和概念型教学成为当今深受关注的两种教学方法。动态评估主要基于最近发展区思想，强调教师 / 同伴 / 计算机如何通过社会互动与学习者共建（学习者）最近发展区。不同于传统测评（测试学习者已有水平），动态评估是一种前瞻性、融教学与测试于一体的双效方案，能帮助教师洞悉学习者正在发展而未完全发展的语言能力，并同时制定有效干预手段帮助他们达到新的发展水平。概念型教学主要基于中介思想，强调有效二语教学需要教师向学习者系统呈现学习对象所涉及的概念知识，并将概念知识物化为学习者的中介，用以达到学习目标。已有研究证实了动态评估和概念型教学对学习者语言发展的促进作用。还有研究者探究了协作会话和书面言说在英语教学中的应用及其促学效应。

3. 认知 – 情感辩证观——情感体验

情感体验在教育学和心理学领域日益受到关注并逐渐被引入应用语言学研究。情感体验强调情感与认知的辩证统一，环境通过情感体验作用于个体，而情感体验中究竟是情感还是认知因素占主导进而影响个体发展则需要结合具体语境予以探究。相关研究主要考察具体情感经历如何影响二语发展。研究者大多强调认知情感辩证体中的情感因素，特别是消极情感，而不论是脱离情感谈认知，还是脱离认知谈情感都无法让我们理解认知或情感的本质。因此，基于情感体验的研究应该秉承一种整体和生态视角去看待认知与情感，进而探究为何其中某一因素（认知或情感）超越另一因素而占主导地位，以及二者在特定情境下如何相互作用，进而促进或抑制学习者的语言发展。

（二）多语转向

随着全球化、移民、海外学习项目等快速发展，多语使用现象越来越普遍，应用语言学研究由此出现了多语转向。主要涉及两个方面的内容：心理语言学和认知视角的多语现象及其教学；与多语相关的语言政策。

1. 心理语言学和认知视角的多语现象及其教学

内容主要包括元语言意识、工作记忆、注意力等，相关研究不再把词汇知识作为重点，而是关注更深层次的认知维度。此外，双语这一概念也更多地被多语取代，如多语学生、多语儿童等。研究者探讨了多语者的语言习得或磨蚀以及课堂上的多语现象。如多语儿童在教育环境下的师生互动研究发现，多语儿童所接触的师生互动与单语儿童具有相似性，但教师会采用不同策略促进多语儿童的理解，比如使用多语儿童的母语以及非言语交流手段等。

2. 与多语相关的语言政策

研究涉及不同国家和地区的语言政策，不同大学、课堂以及家庭的语言政策等。话题包括超语实践、读写能力发展等，尤其是超语实践日益成为学者们积极倡导的一种教育方法。传统双语教育采用一次一种语言的分离式教学，即单语教学模式．保证学生接触两种语言的时间大致相等，认为同时使用两种语言会造成干扰。后来研究者使用超语来表示多语者灵活使用多种语言资源表达意义的现象。研究表明，超语使用能够帮助学习者建立有效的语言使用者（而非仅仅只是学习者）身份、为学习者提供支架、提升学习者语言学习中的积极情感、促进意义协商等。

总体而言，多语转向意味着我们应该力图探索如何合理使用语言资源帮助学习者建立多语使用者身份，以及这种身份是否或如何促进语言学习等问题。

（三）积极转向

20 世纪 70 年代心理学界开始改变以往病理学研究取向，更多关注如何提升个人或集体幸福感，这种积极转向推动了积极心理学的产生。而随着积极心理学在各学科中的应用研究不断扩展我们也见证了近 10 年来应用语言学领域的积极转向。相关研究大多基于“扩展建设理论”和“幸福理论”。扩展建设理论认为，消极情绪会导致个体避免直面威胁的狭窄效应，而积极情感有利于拓展思维，因此能提高个体广泛利用各种资源解决困难的能力。最早在二语教学研究中采用该理论的学者们认为积极情感能让学生更积极地吸收语言资源，从而建立解决语言学习问题的资源库。“幸福理论”用“PERMA”词涵盖五个要素，分别为 Positive Emotion、Engagement、Relationships、Meaning、Accomplishments，这五个要素是促进个体积极发展的关键。后来 PERMA 框架被进一步拓展，提出了九要素框架“EMPATHICS”，因为 PERMA 无法完全解释语言学习者的研究数据，而且因其缺乏毅力、能动性等重要情感要素，也无法解释语言学习的复杂性和动态性。因此，“EMPATHICS”有利于研究者从更全面的视角分析语言学习者幸福感的构成，是积极转向下语言教学研究更有力的解释框架。

近几年积极心理学领域出现了将积极与消极情感联合起来研究的潮流。学者们认识到了积极与消极情感作用的复杂性，并提倡更为细致地研究两种不同情感带来的截然相反的效果，这类效果被统称为“矛盾心理（ambivalence）”。积极转向为语言教学中教师和学习者心理 / 情感研究提供了新视角，意识到这种矛盾情感的存在会让我们从一个更为全面、整体的视角去看待影响学习者语言或教师职业发展的情感因素。

二、应用语言学研究方法发展趋势及问题分析

（一）研究方法发展趋势

应用语言学非实证研究越来越少，定量研究有所下降但依然是主流方法；定性研究比例逐渐增大，有些期刊的定性与定量研究比例相当甚至有超越之势。而混合研究则越来越受到青睐，因为利用并整合定量定性两种方法的优势有利于对研究问题做出更严格的推论。在数据处理方面，大部分研究采用描述性数据分析，其次是单因素方差分析、t 检验，皮尔逊相关检验和卡方检验。更为复杂的统计技术如多元回归、单因素协方差分析等开始受到青睐，但使用频率普遍较低。另外，随着技术和跨学科的发展，研究者开始使用一些新方法。如神经刺激技术在认知科学和二语学习研究中的应用趋势；诱导性模仿和眼球追踪等新方法也被越来越多地使用。

研究者也越来越重视研究方法的合理性。如抽样偏差和推广性问题，指出应用语言学研究所抽取的样本集中在西方工业化较高的民主国家，且大多为受过良好教育的富有群体或来自高校的二语学习者。

（二）问题分析及建议

首先，已有研究大多采用参数性统计方法，但该方法需要假设数据呈正态分布。这就要研究者对数据进行正态分布检验，如果数据不是正态分布，则需要使用非参数性统计；另外，如果样本量小于 30，则认为数据可能不是正态分布，也需要使用非参数检验。但有的研究在这些情况下依然使用参数性统计，导致所得结果的推广性大打折扣。因此，未来研究在选择统计分析方法时一定要注意其使用前提。

其次，为了对以往研究结论进行检验、纠正与强化，使之更具普适性和外部效度，未来要加强复制性研究，尤其对那些证据还不充分且结论尚存争议的领域。为此，对研究实践及结果的汇报要更具透明性。例如，定量研究要详细汇报各类描述性数据、效应量等；定性研究要详细描述样本抽取标准、样本语境信息、编码过程和分析决策等。只有这样复制性研究才能帮助我们解读实证数据并在不同研究之间展开对比，从而避免因样本偏差而得出片面性的研究结果。

最后，我国的抽样偏差现象也很严重，绝大多数聚焦大学，其次是高中，而小学和初中占比很小。因此未来无论是国际还是国内研究都要纠正这种样本抽取的不平衡性，尤其要加强对基础教育阶段和经济落后地区的研究。

三、我国应用语言学者的责任与担当

（一）加强基础外语教育研究

我们应该将基础外语教育研究置于最重要的地位，这不仅仅是因为外语学习的最佳时间在这个关键期阶段，还因为目前我国基础外语教育存在诸多问题，不仅没能培养学生良好的英语学习习惯．而且扭曲了他们对外语学习的认知，严重影响到大学阶段的外语学习。

注重基础外语教育研究并不意味着高校外语教育研究不重要，而是如哲学家柏拉图的名言“良好的开端是成功的一半”，学习者从一开始掌握了正确学习方法，后续学习就会事半功倍。因此，我们应有计划地对基础阶段的教师发展、教学方法、教学评估进行系统研究并反哺教学实践，尤其要加强学习者和学习过程研究。

（二）构建基于中国语境同时兼具国际推广性的外语教育理论体系

我国幅员辽阔，有着世界上最大的外语学习群体，但缺乏像“任务教学法”“交际教学法”等被国际广泛应用的教学理论。文秋芳教授的“产出导向法”和王初明教授的“续论”影响日益扩大，但研究语境多局限于国内，且相对于数量庞大、背景复杂的中国外语学习者和教学者来说还远远不够。我国方言繁多，地方经济和政策等迥然不同，这些既影响理论应用于实践的效果，也应该是外语教育理论体系构建需要考虑的因素。因此我国外语教育理论的建构与创新应呈现多元化趋势。

另外，随着我国综合国力的提升和学术影响力的增大，我国应用语言学者需要完成由舶来理论本土化到向世界宣传我们的本土理论的转变，彰显领跑者的勇气、信心和实力。这就需要有更多像文秋芳、王初明这样有国际化视野的国内学者。只有这样，我国的应用语言学才能够既发展自己，也影响世界甚至是引领世界。

当今世界日新月异，语言学习环境呈现多样化特征，语言教学过程因而变得越来越复杂，各种新问题也会随之而来。我国应用语言学研究应该关注并借鉴国际研究动态前沿所取得的最新成果，在解决问题中前行。只有不断更新知识、优化研究方法，以我国外语教育中的真实问题为出发点，我们才能负重涉远，不断推动我国应用语言学研究健康全面地向前发展，在国际应用语言学舞台上发挥外语学习与教育大国的作用，传播中国声音。

第三章　应用语言学的基本理论

生活在世界上的各个民族，由于自然环境、社会生活、经济政治等的多样性、复杂性，他（她）们所使用的语言也呈现出多样性和复杂性的特点。在全球化背景下，不同语言之间的交流越来越频繁，了解和掌握一门语言的基本理论正是应用语言学习者、语言教育者、语言研究者的共同面临的挑战。本章分为交际理论、动态理论、中介理论、潜显理论、层次理论、人文性理论六部分。主要包括：言语交际理论的学理基础和学术渊源，动态理论的依据和在语言的应用，中介理论的主要根据和若干意义，潜显理论视阈下新词新语的隐退和动词的返祖现象等内容。

第一节　交际理论

一、言语交际理论

国内后期对雅各布森的研究逐渐转向其结构功能观和言语交际理论，下面从理论方面、单一功能和整体运用方面依次展开说明。

（一）理论方面

朱永生从一元论、二元论和多元论的分类出发，指出语言的多功能性和与之相关的社会因素的复杂性，并对多元论的主要功能观，包括比勒、雅各布森、理查兹、莱昂斯、韩礼德等，进行汇集和比较分析，这是国内学界对语言多功能观进行比较梳理的最早文献。田星指出雅各布森以动态共时的系统功能观继承和发展了索绪尔的二元对立原则。李静、王永祥从雅各布森语言交际六功能体现的语符功能观入手，强调意义存在于全部交流行为之中，信息本身不能承载交流活动的全部意义，言语交际行为是一个动态的意义获得过程，有相当一部分来自语境、代码和接触手段。陆正兰、赵毅衡从文本的主导因素论，尝试解释当代文化的一系列重大演变，将六因素六功能分成三组对立项，强调“超接触性”时代的到来。

（二）单一功能

步朝霞把雅各布森的自我指涉性，即诗性功能，与巴特的自我指涉性进行对比，前者指向文本自身，后者指向超语言层面的社会意识形态，但殊途同归，最终目的都在于陌生化处理或更新意识。谢梅探讨了雅各布森“主导理论”与中国新闻娱乐化现象，指出艺术的演变是新的主导代替旧的主导的结果，力图运用主导理论在当下的历史语境中去重新认识新闻的本质。田星运用雅各布森的诗性功能理论中的对等原则和平行结构尝试分析中国古典诗歌，从语言层面揭示了诗歌的魅力，给予中国传统诗学有益的启发，也是国内学者在实践层面对雅各布森诗性功能理论的首次尝试和验证。王正中运用雅各布森的元语言理论

分析了“元”小说的“坦诚性”这一独有特征，即元语言功能。卢康运用雅各布森交际六因素对电影艺术片进行分类，从诗性功能理论出发，依据双轴关系、投射等概念，从观众不同于商业影片的感知结构上来凸显艺术片的诗性形式特征和陌生化处理手法。冯巍从雅各布森动态共时的语言六功能观出发分析“文学性”的内涵，指出文学性是以诗性功能为主导，其参数不仅有诗学、艺术和审美的维度，还有社会、历史和文化的维度。

（三）整体运用

武建国运用雅各布森的言语交际理论六因素探讨了文体分析的多维性和动态化，指出原有文体分析方法的单一和片面。方汉泉、何广铿探讨了雅各布森的语言功能说和语言学诗学对现代文体学的贡献和当代价值。江久文用雅各布森的言语交际理论，即六要素和六功能，来分析其传播模式，超越了形式主义的禁锢，赋予交际行为本身一定的现实、社会和文化意义。祝秀丽则从雅各布森的言语交际理论视角出发，重新审视民间故事讲述行为的构成要素。赵星植则用雅各布森的“符号意指过程六因素”探讨礼物符号的归类问题，指出礼物符号应该按其内部主导功能的偏倚性进行重新分类，如自我礼物、关系礼物、虚拟礼物、仪式性礼物、言语礼物和诗性礼物等，使礼物不仅仅体现在物物交换，而成为整个人类社会意义交流的实践性问题。赵星植探讨了数字媒介技术主导的元媒介时代下的再媒介化，运用雅各布森的符号“六因素论”，探寻元媒介符号传播的基本特性及其规律，指出其在人类社会文化与传播方式上引发的巨大变革。

显然，对雅各布森言语交际理论进行研究的文献数量虽然有限，但在研究内容上具有一定的开拓性，涉及符号学、传播学、文化和新闻娱乐等领域，凸显了雅各布森言语交际理论六因素六功能的时代意义和现实意义。虽然在研究内容和领域分布上依然较为分散，缺乏系统性和体系性。

总体而言，国内雅各布森的研究在语言学诗学方面的研究呈现主导性趋势，以理论探讨居多，仅个别学者尝试运用语言学诗学分析中国诗歌作品；对雅各布森符号学思想的解读方兴未艾，具有良好的发展态势和较大的拓展空间；言语交际理论的具体运用方面，既有单一功能分析，也有整体运用，已初步尝试，值得深入发展，以凸显时代价值。

二、交际理论的学理基础

（一）柏拉图的语言工具论

语言如同一个工具，协助言语事件的流畅进行。无论是在大声疾呼，还是在独坐沉思；无论是清醒抑或睡眠，言语活动始终都在进行。柏拉图在“克拉底鲁篇”这部论述语言起源的首部西方文献中提出语言是一个人向他人提供物之信息的工具。通过言语提供信息是最实在的言语行为，在某种程度上也是人类所独有的。柏拉图的这一定义可以说囊括了具体言语事件发生时可能出现的全部可视要素（说话者、听话者和外界之物），言语即声音现象则成为联结三方的“工具”，参与到每一个具体的言语事件之中，并从自然和人为约定两个角度来进行探讨。柏拉图的言语工具论看似简单，呈现的场景却是如此典型丰富，我们只需从要素充分的言语交际活动中或抑或扶某些要素，就能还原言语发挥特定功能的场景。

（二）洛克的口语传播模式

约翰·洛克（John Locke）秉持“语词-观念-事物”观，在洛克看来，人类可以发出音节分明的声音，但声音本身并不能成为语言，因为世间的鹦鹉和其他鸟类同样能够发出清脆悦耳的声音。声音成为观念的标志是其成为语言的前提，个人无法表述自身从未经历过的事物，正如天生盲者无法明了颜色的概念，天生聋者难以领会声音的奥妙。简单观念不但反映言者心中的观念，而且对应外在的实体，简单感念的获取往往依赖于实际的感受，语言文字的传达效果难以企及具体的图像、感觉和经验。复杂情状的名称所表达的观念基于简单观念，但在自然中并无联系，也无确定的参照标准，难以通过实在的事物来寻找和验证，因而几乎是完全任意的，且因人而异，文字意义和事物的实在本质往往不能精确同一。以黄金为例，初次采用黄金概念的个人也许只是考虑到黄金的颜色而命名，后面黄金的观念又依次增加了硬度、重量、可溶、货币等属性，其内涵不断扩大，人们虽然使用同样的名称，但各自的观念却因人而异，相互无法契合，而且同自己昨天已有的，和明天将有的，也无法契合，这是交流产生障碍的原因所在。

（三）索绪尔的言语回路

费尔迪南·德·索绪尔（Ferdinand de Saussure），瑞士作家、语言学家，结构主义的创始人，现代语言学理论的奠基者。相对于以往研究人员对言语活动的重视，索绪尔极为看重语言，把语言和言语的切分作为自己研究的起点，创立了语言学这一独立的学科。语言是抽象的，属于社会心理层面；言语活动则是复杂多面的，横跨物理、生理和心理多个领域，是个人行为，同时遵从社会规范的约束。

（四）皮尔斯的符号解释项

查尔斯·桑德斯·皮尔斯（Charles Sanders Peirce）美国思想史上的传奇式人物，20 世纪最为重要的哲学家之一，因对符号学的原创性研究和杰出贡献，与索绪尔一起被称为“符号学的奠基人”。索绪尔在言语回路中区分出属于心理活动的音响形象和概念，称其为能指和所指，符号的心理两面性，文字则是符号可触摸的形式外显。皮尔斯提出符号意指三分式，符号的可感知部分称为“再现体”，有时也称为“符号”或“符号载体”，相当于索绪尔二元模式中的能指；在皮尔斯的三元体系中，索绪尔的所指则表现为“对象”（object，符号所替代之物）和“解释项”（interpretant，符号引发的思想）。

皮尔斯虽未明确提及言语交际过程，但解释项的存在意味着必然有一个接受者，意指过程的重点到了接受一端，接受者的解释才能阐明符号的内涵，能指和所指的固定模式因为解释项的介入而变得无限灵动，引发无限衍义。在索绪尔言语回路中，符号发送者和接受者地位平等，言语活动循环不息；在皮尔斯的信息传播过程中，发送者和接受者的地位发生了变化，有时候甚至没有明确的发送者，意义的获得主要由接受者通过解释项来主导，这也许更加符合实际的信息传播过程。

三、交际理论的学术渊源

（一）比勒的语言功能理论雏形

柏拉图的言语工具论囊括了具体言语事件可能出现的全部要素（说话者、听话者和外界之物），言语即声音现象则成为联结三方的“工具”（organum），参与到每一个具体的言语事件之中。

言语交际过程包含三个基本要素：个人（the one）、他者（the other）、转述之物（the things）。三个基本要素，也就是言者、听者和世界，依次坐落于三个点上，中间是可感知的言语现象，通常指音响，也就是所谓的言语工具。中间的言语工具通过虚线与坐落于三个方向的三个要素相连，表现言者和言语的关系、听者和言语的关系，以及外部世界与言语的关系。大多数读者面对此图的第一反应是一种直线的因果关系（a direct causal view），个人产生音响，音响作为刺激物影响他者，这一进程中，音响担负了两个角色，既是结果（effectus），也是致动因（efficiens）。那么，转述之物如何参与这一过程呢？其传递过程要比前述的直线因果关系稍稍复杂一些，说话者在感知外界之物后，发出相应的声响，听话者在接收到这一声响后注意这一转述之物。例如，房间里的两个人，其中一人听到细雨滴滴答答的声音后，发出“下雨了”的感叹，另一人随之也将目光看向窗外。依据这一模式，如果外部条件合适，谈话双方持有足够的兴趣，这一信息传递过程会一直往返进行下去，周而复始。在这一点上，其运行类似于索绪尔的言语回路（speech-circuit），或者中世纪初期的“气声唯名论”，声音的产生在于对外部气流的依赖，一旦气流消失，声音也不复存在。这种直线因果模式存在的弊端和缺陷即在于对外部实体的依赖，没有了外部实体的存在，交流和沟通也随之消散。

（二）比勒改进后的语言工具模型

比勒本人也意识到直线因果模式的弊端和缺陷，随即提出其广为流传的语言工具模式（organon model of language）。在比勒看来，上述模式中，交际双方产出和接受音响的过程中，接收方是选择者（selector），依据抽象相关原则，选择对自己有意义之物，发送者是建构者，须建构传递的意义。

如图 3-1 所示，居中的圆环是具体的音响现象，环绕着它的三个变量（发送者、接受者、对象和事态）以不同的方式赋予音响符号身份。镶嵌于圆环之上的三角形的三面，代表上述三个变量，既有与圆环的重叠之处，又有各自独立的部分，显示抽象相关原则，感官予以补充。三角形三侧的平行线代表语言符号的三种不同语义功能。哈贝马斯对比勒的工具模型理论进行了详细的阐述，“作为符号，它所依据的是对对象以及事态的分类；作为表征，它所依据的是发送者，它表达了发送者的内心；作为信号，它所依据的是对听众的召唤，它像其他交往信号一样，主宰着听众的内在活动和外在行为。”这一语言功能理论的阐述堪称比勒语言工具模型的核心，通过言者、听者和外部世界（含事物和事态）三个因素展现语言实现的不同功能。罗曼·雅各布森也在此基础上提出了自己的符指六因素和六功能。周芝雨根据自己的理解对上述译文做了调整和修改，“它（指语言符号）通过被归派给诸对象和事态而成其为象征；符号表达了发送者的内在性，它借助对发送者的依赖而成其为表征（指号、标示）；符号还和别的交通标识一样调节着听者的内在和外在行为，它凭借这种对听者的促动而成其为信号”。

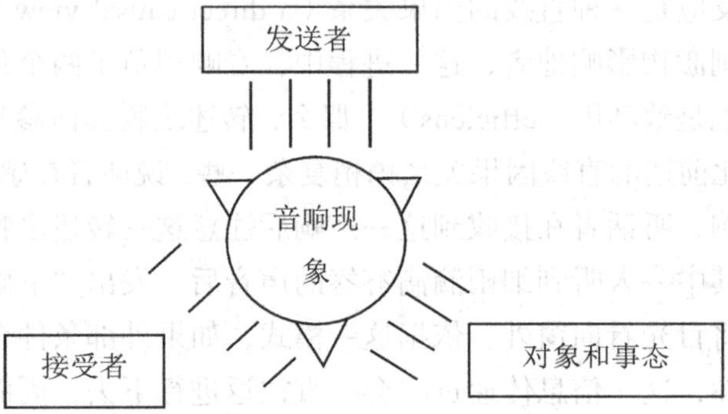

图 3-1　比勒改进后的语言工具模型

周芝雨的这一译文避免了符号和象征的混用，对三大功能的切分和阐释更为准确，分别对应象征、表征和信号，这与皮尔斯的符号三分法有一定的对应和相似。比勒通过这一语言工具模型理论强调了语言的三个功能：表达（expression）、促动（appeal）和展示（representation），三种功能以符号意义为核心，围绕三种不同的语义关系，可以称之为语义学视角，以区别于比勒最初模型的线性因果视角。同时，相对于柏拉图简单的“声—物”展示关系，比勒将‘物’进一步扩展为“对象和事态”（objects and states of affairs），从语法层面来诠释，则是将言语的展示功能从最初的词汇层面拓展句法层面。句法的介入使展示的范畴得以无限地扩大，词汇的描述对象毕竟有限且孤立，句子乃至篇章的描述则可以囊括整个宇宙。

（三）比勒语言工具模型的不足

比勒初期的语言工具模型基于可感知的声音，所指对象为具体的言语行为中具体的物和事态，这种经验化的研究基础使言语交际理论的应用和拓展受到限制。针对这一不足，比勒引入了符号学的视角以区别言语交际活动与其他人类行为的特征，言语活动以象征的方式，通过三种不同的语义关系和世界保持着对应关系，言语行为作为声音的物理属性逐渐淡化，不断凸显言语符号在人与人之间、人与世界之间的符指作用，形成一种“以行为观察为基础，符号学为统领”的言语理论体系。

比勒的这一言语理论体系摈弃当时盛行的以单一或具体语言为研究对象的做法，尝试以语言的普遍规律为研究内容，以言者、说者和世界为三面或三边，以言语本身为核心，构成稳固的三角结构，在布拉格学派成员中具有重要学术影响。研究对象是具体的言语事件，基于言者和说者之间的关联，“词—物”关系的二元对应，模仿各种自然语言系统对研究对象命名的做法，试图囊括这一言语事件中的全部要素：言者、听者、世界（事物和事态）和言语本身，其学理基础主要依据经验性语境，仍然处于“言者向听者说某物”的柏拉图经典场景之中，在一定程度上缺乏充分完备的哲学内涵，未能触及言语交际过程中的其他因素和功能。

比勒之后，部分学者尝试对比勒的言语理论工具模型进行细化和完善，增强其理论普适性和诠释力，以便能够阐释全部日常生活场景，但这些探索并未动摇比勒言语理论工具模型的学理基础，即语义学的观察方式。可以说，“语义学视角的行为观察，并不能穷尽语言在生活中的全部功能，超出语义内涵的语言行为是切实存在且需要理论阐释的”。

同时，比勒言语理论工具模型也忽略了“言者向听者说某物”经典场景中另一不为人注意的一个因素，那就是媒介本身。媒介的功能在于“保持交流畅通，或者说保持接触”。文字发明之前，言语交流依赖面对面的口口相传，及至后来的结绳记事。文字出现之后，尤其是活字印刷术的划时代发明，使大范围的传播交流成为可能，此时的主要媒介渠道是视觉。进入数码电子时代，文字、图像、视频、声音各种媒介手段融为一体，以多媒体方式共同在言语交际中发挥作用，且传递的速度和以往不可同日而语。言语交际离不开媒介，正如离不开语符。可以肯定地说，媒介的不断更迭和推陈出新对人类心理和言语交际方式产生了巨大的冲击力，甚至成为影响言语交际的主导性力量。

（四）乌克斯库尔的环境界理论

即便在生物学领域，对刺激——反应模式的机械解读也在逐渐改变，其中尤为引人注目的是雅各布·冯·库克斯库尔的环境界理论。乌克斯库尔反对机械论和达尔文生物学，与达尔文生物进化论中“物竞天择”阐释的环境选择或者自然选择不同，强调生命体进行选择和筛选的主体作用。

（五）马泰修斯的语言功能论

马泰修斯，捷克语言学家，布拉格学派创始人之一。作为布拉格语言小组组长，其出色的组织工作使布拉格从“思想的沙漠”成长为思想的乐土，一跃成为语言学的国际活动中心。

马泰修斯秉承功能主义和结构主义，运用分析比较的方法对语言进行共时分析。他在《论语言现象的潜势》一文中，表明自己对语言共时研究的切入方法上受到了马萨瑞克的影响。马泰修斯认为语言是一套全体语言社区成员在特定时间特定地点为了交际目的所共享的一套系统，蕴含各种表达方式和象征，在具体的话语活动中得以体现。马泰修斯认为具体的言语活动具有两个功能：表现功能（expression）和交际功能（communication）。表现功能是言者情感的自然流露和本能抒发，不需要也不是为了引起听者的回应，可以说是一种纯粹主体行为，为了表达而表达。另一方面，交际功能则具有社会属性，在和听者的互动中激发想法和决策等，既包含单纯的信息传递，又有对听者的吁求。在马泰修斯看来，言语活动最初只是发挥表现功能，随着人际交往的频繁和深入，交际功能占据主导，表现功能退居次要，因此言语交际很大程度上就是一个言者和听者编码解码的过程。马泰修斯的研究侧重点是言语交际的编码过程，发展了功能名称学和功能句法学，强调言者首先对外部世界选择分析，确定命名成分，之后组织成句，形成编码，最后展现为话语形式。

（六）马林诺夫斯基的寒暄语

布罗尼斯拉夫·马林诺夫斯基（Bronislaw Malinowski），英国社会人类学家，功能学派创始人之一，提出并实践全新的民族志写作方法，通过亲自参与研究部落的活动，获取民族志材料。

在语言功能方面，马林诺夫斯基首次提出了寒暄语（phatic communion）的概念，在十分强调语言形式的20世纪二三十年代，从功能的角度探讨语言可谓当时的一股学术清流，对该话题后续研究影响颇大。在考察原始部落时，马林诺夫斯基发现一种奇特的话语交际方式：一种自由、零散、漫无目的的谈话，时常描述无关紧要之物，评论显而易见之事，既非传递信息，敦促人们行动，也非表达任何思想，只是一种社交问候语或套话（cliche），目的是打破沉默，活跃气氛，言者和听者都从这种轻松随意的交流方式中获得了社交愉悦感和满足感，而非尴尬、沉闷、甚或敌视。

这一语言现象既存在于原始部落，在文明社会中也随处可见，语言不再是“思想的工具”（an instrument of reflection）而是“行动的模式”（a mode of action）。不必刻意传递什么信息，只要双方有话语在交流，交际渠道始终畅通并在运用之中，

融洽和谐的社交氛围就可能创建。雅各布森后来提出的语言六因素和六功能中，就包含了这一功能，尽管用词略有不同。另一方面，马林诺夫斯基对语言这一功能的关注具有开创意义，虽然只是论及口语的寒暄功能，但交流双方的手势、表情等肢体语言也能够达到相似的效果，同时交际渠道或媒介本身的重要性也不容忽视，尤其是在当代社会文化语境下，媒介技术不断更迭，依附于此的寒暄功能也有了不同于以往的多样化呈现。

（七）穆卡洛夫斯基的美学思想

扬·穆卡洛夫斯基，捷克著名美学家与文学理论家，布拉格学派的重要代表，俄国形式主义传统的继承者。俄国形式文论很早就开始从功能的角度研究文学语言，尤其是诗歌语言，并对俄国形式文论很早就开始从功能的角度研究文学语言，尤其是诗歌语言，并对诗歌语言和日常生活语言进行了区分。日常生活中，语词用于传递信息，表达思想，实现交际功能，用词和句法的选择不是关注的对象，只要不影响交流，语法瑕疵和文理不同也能接受。诗歌语言则是一种自我表达的语言，把读者的注意力引向符号自身，语言本身即是目的而不是实现目的的手段。正如什克洛夫斯基的“陌生化”理论中提到的那样，日常语言的理解几乎是自动化的、瞬间的，而文学语言独特写作手法的运用延缓了读者的审美过程，给予读者更多的审美感受。

穆卡洛夫斯基在卡尔·比勒语言功能三分法的基础上，30 年代在“诗的意义”（poetic reference）一文中提出了语言的第四个功能——美学功能（aesthetic function），也就是所谓的诗学功能（poetic function）。穆卡洛夫斯基认为，比勒的表达（expression）、促动（appeal）和展示（representation）功能均为语言的实用性功能，日常语言即可胜任，与语言的实用性功能所不同的是，语言的美学功能则引导我们关注语言符号自身。当然，美学功能不仅仅限于文学语言，日常生活语言中也随处可见，朗朗上口的竞选口号、商店名称甚或校训都有一定的诗性，可以说，任何关注自身而不强调符用功效的语言符号都具有一定的美学功能。

第二节　动态理论

一、动态理论的依据

（一）运动是绝对的

事实上，万事万物都是处于运动状态的，例如，风一直在吹、水一直在流。即便是看似静止的桌子板凳，其内部的原子也是一直处于运动状态的。又如，一个人坐在那里不动，似乎是静止的，实际上他还在呼吸，并且血液也在体内不断的流动。而且地球是一直在进行自转的，人在地球上自然也就随之一起动。虽然同样都是运动，但有些运动会比较快，有些运动会比较慢，那么比较慢的我们叫稳态，属于动态里的一种状态。人有时候不得已要研究事物不怎么运动状态的情况。例如，学习如何解剖尸体，是作为一名外科医生最先要学习的，是为了能够更好地了解人体结构，可以更好地给活人动手术。也就是说动态研究的初步是静态研究。

（二）人是高级动物

通常，物种被分为两类，也就是生物和非生物。而非生物也是运动的，并且速度不慢。同时，生物也可以分为动物和非动物两类。当然，动物一定是可以自己运动的，在古人的文章中，动物是有情感的，植物是有生命的。但是从广义上来说，非动物也是有生命的——记忆。例如，用科技对一块石头进行检测，就可以推测出石头大概存在了多少年。而人类是公认的高级动物，人类自然也是运动的，而交际是人类非常重要的活动，因此，语言存在于交际之中，语言是运动的。

（三）语言又是发展变化的

就语言本身而言，其又是发展变化的。也可以说动态是语言的一种本质。总的来说语言是动态的，在总体的动态中包含稳态的部分。而人类的交际活动，不但是语言运动的动力，更是语言运动的目的，甚至是语言运动发展变化的原因。交际促进了语言的发展。

二、语言运动的惯性

（一）概念

语言的运动有个惯性。语言现象的变化，启动起来比较慢，动起来以后，要它停止或者改变路线，也比较慢。这是语言发展变化很重要的内部规律。语言是个历史形成的巨系统。语言还有很强的社会性，语言的使用牵涉方方面面。因此，语言的惯性总的说比较大。语言工作要适度超前，不能追求立竿见影，要重视后效应。

（二）提出的意义

1. 反思过去的认识

长期以来，人们对于语言运动的惯性并没有清楚的认识，甚至是将语言运动，其惯性与政治工作混为一谈。因此，语言运动的提出，说具有历史意义的，是对过去认识的反思。正因如此，对于理论建设和队伍建设这两方面来说，适度超前是非常有必要的。但是，以前对这两方面的重视不够，使人们在对语言运动的理解方面，非常薄弱，需要加紧做好建设工作。

2. 解释语言生活的实际问题

19 世纪与 20 世纪之交，我国出现了独立的语言学科，但是延续很长时间忽视了语言应用研究，可是，语言应用研究又很难忽视，其中一个原因是几千年来我国重视语言应用研究的惯性在起作用。语言学习也特别需要注意惯性理论，注意后效应。

第三节　中介理论

一、中介理论的主要根据

（一）运动的连续性

语言具有运动性，运动具有连续性，这也就意味着任何事物都具有周边事物和前后事物的一些属性。从空间层面来讲，就是万事万物之间都是有联系的，世界上没有办法切出一个与周围一切事物都没有联系的事物。例如一个点，即便是我们将它切得再小，也不可能将其与周围部分切的毫无关系。从时间层面来说，仍是如此，对于运动的事物，它的位置一定是跟前后位置都有关系的，是不可能切出一个与其他位置毫无关系的位置，即便是再小的位置仍会有与之相关的，有联系的部分。那么如果将空间和时间联系起来，就更是如此。

（二）事物是矛盾的统一体

事物不都是“非此即彼”常常是“亦此亦彼”，只不过是含有此或彼的成分多或少而已。一个矛盾的统一体的内部，矛盾的各一方都含有对方的一些属性，任何一方的内部又含有矛盾双方。因此，对一个矛盾统一体，在更大的范围里，它是一个事物的整体。

（三）对立通过中介转化

由于对立的双方都具有一些对方的属性，才可能转化。这种转化也是一种属性潜一些而另外一种属性显一些。对立的两面是有的，那是彼和此的情况很分明。钱币有两面，因此常常是猜对一面的一方挑选足球赛等的自己半场。是非也是有的。既要看到彼和此的区别，又要看到彼和此的联系以及“亦此亦彼”的状态。

二、中介理论的若干意义

（一）提出度的概念

关于“恢复疲劳”有的说是不规范的，因为“恢复”一般用来表示由不正常状态到正常状态，而“恢复疲劳”是指由不疲劳到疲劳。有的说是规范的，因为听得懂这句话的意思。有的说不规范，因为有人会以为是指由不疲劳到疲劳。这里有几个问题。

第一个是“听得懂”的问题。人在很多情况下是听得懂说错了的话的。但是也有说错了，但又听懂了，因为人的脑子里有一定的纠偏功能，可以根据一定的条件纠偏。

第二个是有人会误解。这里要注意语言交际有合作原则，如果缺乏合作原则，对方说什么话，自己都会认为是不对的。还有，要看是什么样的人听，总得是有一定的语言交际能力的人。

第三个是人在实际语言交际中明明听得懂甚至本身也说的话，学了语言学反而变得听不懂也不说了。因此，语言调查即使找语言学家调查，也要放在语言使用的实际里调查。

（二）促进中介语的研究

对人类来说，从生下来就学习的自然语言被称作是母语，既包含方言，也包含方言的从属语言。从属语言是母语的大母语，而方言是母语的小母语。除了母语之外，人们还会学习第二种语言，作为目的语。在其学习的过程中，从母语到目的语之间的过渡状态的语言被称为中介语。中介语具有一定的系统性，对于母语和目的语来说，它是一种过状态。

汉语是母语的人学英语，学习不是一次性完成的，学习中间的状态的话是中介语，亦此亦彼。学习英语受所掌握汉语的正面和负面的影响。学习英语到一定的阶段许多人会出现僵化现象。不同母语的人学习不同的目的语出现的中介语的情况不同。

（三）调整关于语言学习的认识

①认识到语言学习不是一次性完成的，语言学习需要一个过程，这一个过程，是语言使用不够到位不够规范也是不纯的过程。

②认识到要区分语病和语言中介状态。语言中介状态是群体的正常状态，是进步过程中的状态。例如，孩子念小学，一定会有很多话用不好，不能一概认为是语病。我们把大量的语言中介状态从语病里解放出来。

第四节　潜显理论

一、浅显理论概述

潜显理论系统形成于20世纪90年代中期，显，指的是显现在表层、现实的状态；潜，指的是潜藏在深层的状态。该理论认为，可以把语言的世界分为显性的世界和潜在的世界两大部分。所谓显性语言就是到目前为止人们在使用的部分。所谓潜在的语言世界指的是，按照语言的规则所形成的一切可能的语言形式和总和，但是它们还没有被这个语言社团所利用和开发。语言不仅有潜和显两个方面，还有“初显”“显现”“隐退”和“占位”等具体情况。语言在发展过程中，不仅显得部分有变化，潜的部分也有变化，一旦具备潜词显化的条件，潜词就会出来占位。语言始终处在潜和显得运动之中。语言潜显理论注重语言的社会性质和交际功能。对语言本质认识的深化和语言观的转变，能带来语言研究视野的扩大和语言理论系统的进一步充实。

二、潜显理论视阈下新词新语的隐退

语言，尤其是词汇，无论其具有自然属性还是社会、人文属性，物质属性还是精神属性，其存在形态只能是显和潜，新词新语的出现和隐退同样也可以归结为语言的显化和潜化。对于新词新语的显现形态和潜在形态，我们可以形象地理解为大洋中的冰山。海面以上露着的部分可以称为显的部分，即出现于人们日常交际中的新词新语；相反，沉没于水面以下的部分就是潜的部分，

即尚未出现于人们日常交际中的新词新语或已从人们日常交际中隐退的新词新语。显现着的新词新语和潜藏了的新词新语共同构成了全息的、动态的、平衡的新词新语体系。以潜显理论看新词新语潜化具体分析起来有以下几点原因。

（一）社会的变革

首先，社会生活发生了深刻而剧烈的变革，某些新事物新现象随着社会的变革消失了，那么指称这些新事物新现象的新词新语自然也随之从人们的日常生活中隐退，完成新词新语从显到潜的潜化过程。新词新语大体分布在时事、法律、科技、经济、商业、教育、心理、社会生活、衣食住行、文体娱乐、卫生保健、婚姻家庭等领域。因此，新词新语的隐退同其显现一样，可以反映出社会生活各个方面的变化。对新词新语隐退现象的分析有助于我们深入了解社会生活，从语言生活的实践出发来对语言现象进行分析研究。

（二）社会的多样

其次，社会生活的多样化，引起人们思想观念、价值观念的多元化，很多新词新语不再能表达人们日益更新的观念时，自然被人们所放弃，从而潜藏和隐退。这种隐退虽有心理上、观念上潜在而深刻的原因，但我们不能保证在某些社会语用条件具备时，这些新词新语不会被重新启用。新词新语的隐退同其显现一样，属于语言变异的常见现象，其中既有社会变革的因素，也有人们心理、观念上的原因，当然更是语言词汇自身调节、发展、演变的结果。

（三）社会的进步

再次，随着社会的进步，科技文化的发展，指称某一事物或某一概念的原有词语被新的更符合人们心理习惯和思维特点的词语所代替而隐退到日常生活之后。语言始终处于潜和显交替运动的状态，其中自然包括新词新语的潜显交替。由此可见，新词新语的隐退既有客观基础，又有潜显理论作为依据，那么，我们就应该多视角地观察新词新语是如何隐退的。

三、潜显理论视阈下动词的返祖现象

语言潜显理论体现了语言系统是在不断动态变化中向前发展的本质。潜显理论认为，客观地呈现在人们面前的语言称之为“显语言”，历史上出现过但现在已经消失了的语言成分和那些即将出现的语言成分便是潜语言。语言的一个完整的概念应当是“语言＝显语言＋潜语言”。语言是一个具有多层级的符号系统，各个层级内部都处于潜显交替的动态变化之中。因此，以潜显理论看动词返祖现象的具体分析起来有以下几点原因。

（一）语言自我调节

语言作为一个具有多层级的符号系统，具有自我调节功能。语言的自我调节功能，是指语言在发展过程中，本身有调节内在的各种关系、促进自身演变的功能。这种功能，一方面表现在它具有能产性，能不断产生新成分；另一方面表现在动态中能保持平衡关系。而语言之所以能不断与时俱进、吐故纳新、保持稳定，就是因为语言系统是处于“显—潜—复显”这样循环往复的运动之中的，以此来应对不同时期人们的交际需求。

（二）社会文化认知

语言作为一种文化现象，反映本民族的文化特点，是文化的“活化石”。而文化反过来又是促进语言的发展动力之一，二者互相依附、相辅相成。词汇返祖这种语言现象的背后折射出的，其实是人们对自身文化的认同、认可与追溯，是一种文化层面上的自信。

在自媒体时代的大背景下，自媒体文化得到前所未有的传播。在自媒体文化的影响下，每个人不再只是被动的信息接收者，而是摇身一变成了可以借助自媒体平台“发声”的信息输出者，主体性更强，个人特色更明显。

（三）使用者的心理

语言使用者追新求异的心态是语言发展的积极动力，它使语言保持着鲜活的生命力，不断地创新。首先，从客观角度来说，动词“可”独立成句作为应答语的用法虽然并不是一种新的语言现象，但由于其出现的年代过于久远，所以在经历了大段的空白期后再次进入人们的视野中时，与活跃在当下并已经被熟练运用的各种表达方式相比，“可”的这种古汉语用法表现出强烈的“个性”，与人们追求“新鲜”的心理形成了共鸣。

再者，一种语言现象的快速发展与人们的从众心理是密切相关的。在从众心理的驱使下，一传十、十传百，越来越多的人对其进行模仿使用，最后变成一种群体行为。但这种模仿并不是消极的“东施效颦”，而是一种积极的从众效应。这样的活动范围不断向外扩散，影响力也不断增强，最终被人们普遍接受，在自媒体网络领域达到相对稳定的状态。

（四）语言经济原则

语言的经济原则是在表意明晰的前提下，为了提高语言的交际效率，尽可能采用经济简洁的语言符号形式。语言依存于社会，与社会紧密相连。社会发展迅速，生活节奏加快，自媒体网络社交平台层出不穷，反映在语言上则是语言经济性原则越来越成为人们进行言语表达所遵循的规律。人们使用语言更加自由化、随意化，能简则简、能省则省，这就要求人们尽可能利用简约的词语来表达更多的意义。

第五节　层次理论

一、人类语言是开放的梯形结构

层次理论是指语言是分层次的。层次是语言运动的时空和方式。这个层次与事物分层次、人的认知过程分层次、人的很多方面分层次是密切相关的。这个结构的底层比较稳定，越往上越活跃。

新颖色彩经过一定的磨损，稳定色彩逐渐显现，逐渐趋于底层。又有新的色彩的语言往上。语言出现了喷泉现象。底层的能产性大，上部的比较能反映全息。底层跟动物语言交叉。上部与高于语言的表达手段如音乐等交叉，体态语分层次地上下连贯。

二、人的层次和语言层次的关系

第一，不同层次的语言对不同的人有不同的要求。例如，小学生一开始学词，短语、复句在后面学。

第二，不同层次的人使用语言的情况不同。语言分比较稳定的内核和比较活跃的外层以及中介物。内核如基本词汇、基本语法、语音系统等，外层如新词新语、广告语言等。

三、跟语言学方法层次性的关系

这还是关于语言研究方法和方法论的层次认识的基础。语言研究方法具有层次性。语言研究的基本方法是比较方法，其他的方法都是由比较方法衍生出来的。语言研究要纵横交错。突破历时和共时的严格限制。例如，一般认为双音节动词重叠是 ABAB 式，双音节形容词重叠是 AABB 式，而“雪白雪白”是 ABAB 式，有人认为“雪白雪白”是例外。

其实，古代的重叠式四字格几乎都是 AABB 式，不管哪种词性。由此而言，原来的说法并不确切，研究这类重叠要从历史、方言比较、跨各类词性看，重叠方式跟双音节词的构词方式有关。基本上是：联合式的 AABB 式，非联合式的 ABAB 式。原来说的“例内”的规律是不可靠的。因此。要重视一些语言里所谓“例外”的研究。

第六节　人文性理论

一、人文性理论概述

据著名学者钱穆考究，“人文”一词首次出现在《易经》，有“刚柔交错，天文也。文明以止，人文也。观乎天文以察时变；观乎人文以化成天下”。丁永忠从“人文性”内涵的历史演变中总结出：在中国古代，“人文”一词与“伦常道德教化”同义，具有鲜明的道德价值取向。在近代，受欧洲文艺复兴的影响，含义发生了变化。它不仅包含人道主义、人文主义，还包括“人性”和“人情”等概念。

20 世纪 90 年代以来，“人文”开始成为整个社会中经常使用的一词。到目前为止，虽然对“人文”这个术语没有统一和标准的解释，但它仍然保持着其固有的“价值追求”特征。“人文”的内涵进一步扩展到追求“人的全面发展”，维护人的“生活环境”，回归人的“精神家园”。

在思考学前教育缺乏人文性的过程中，丁海东提出教育的人文性表现在两个方面：教育的人文精神和人文精神的教育。在教育改革和发展中，需要理解和尊重人的生命和发展、需要和追求、自由和创造、人格和尊严等，体现“人是教育的出发点”。李山林等人在阐释语文课程目标的人文性内涵时，提出现代教育中的“人文性”指的是“精神性”，而不是与此相对的“物质性”和“功利性”。邵付国在思考工具性与人文性关系时提出，人文性是人文学科甚至是科学学科一直追寻的目标之一。所有的学问到最后就是关于“人”的学问，追求人类更好的生活和发展，对“人文”的关注就是对人类自身的关注。

除了对人文性内涵的一般性思考之外，许多研究者也从语言学科、自然科学、教学技术、人文性的“日常化”等各个角度对其进行解读。在语言学科领域：于根源提出，语言的基本属性是交际性和社会性，其精神属性表现在人文方面主要指语言使用群体的文化和习俗等。曹志耘提出，语言的人文性主要包括语言的文化本质、价值和功能等。张祥云认为，在探讨人文教育中的知识、概念和思维问题时，语言是其中的核心问题，应该运用文字而突破文字、深入人文底蕴。

在自然科学领域：杨叔子认为教育是培养人的而不是制造器具的，应该以人为本，将求真的科学教育与求善的人文教育融合统一，培养全面、自主发展的人。华中科技大学教育科学研究院研究小组也认识到工科教育中的人文教育，指出新时代工程师面临的许多重大挑战都源于非工程因素。在工程教育中，应结合专业教育和人文教育，培养有人文精神的专业人才，更好地服务社会。

付强的博士论文较为系统地探讨了教学技术的人文向度，提出教学技术不是静止的物，是人们利用技术展示人的理性、创造力和人文性的过程；要坚持以人为本，把师生的价值观和需求放在首位，注重师生的情感和精神体验。

此外，对于人文性的探讨也超出了学科领域和学校教育的范畴，如杜时忠强调人文精神应该更贴近实际，更接近普通人的生活，具有兼容性，其本质、核心和永恒主题是对“人之所以为人”的探索。刘铁芳指出，人文教育不仅是培养少数人的精英教育，而且是指向每个人日常生活的普通教育，改善人的日常生活。

“人文”是相对抽象和极具包容性的概念之一。杜时忠教授的观点，即“所谓人文，标志着人类文明时代与野蛮时代的区别，标志着人之所以为人的人性”。倡导和追求“人文”本质上是对“人”本身的关注，指向“人”的全面发展。“人文性”是以“人文”为基础的特定个体的人文特征。具体到语言教学的人文性，其内涵主要表现为价值观念的引导、思维品质的提升、行为方式的优化，通过语言教学促进学生全面发展。

教学的人文性是与工具性相对的，工具性重视的是语言作为交流的工具和手段，以手段的有效性为衡量标准；人文性重视的是语言的人文意义和思想情感，核心在于“人是目的”，强调教学要关注人的情感和精神发展，培养学生高尚的道德情操，正确的人生观、价值观等，最终完成对学生人格的完善。英语教学就是要通过人文性的渗透，提升学生的人文素养。

二、人文性理论的实践研究

就人文性而言，应用语言课程有助于开阔学生视野，丰富学生生活体验；形成爱国主义精神、跨文化意识、创新能力，形成良好品格和正确价值观念。对于应用语言教学人文性内涵的解读和落实，许多研究者都提出了自己的见解。陈琳教授提出：应用语课程工具性和人文性的统一。工具性是掌握语言这一工具；人文性是通过学习母语和外语，拓宽学生视野，了解其他民族的优秀文化，丰富自己的文化，提高人文素养，着力于学生的终身发展和全面发展。使得以人为本、素质教育的理念更加深入人心。

范云刚回顾了国内外关于语言教学人文性的研究，提出英语学科的人文性意味着可以帮助学生培养开放包容的品格，培养跨文化交流的意识，增强创新能力，形成正确价值观念等。但武刚也分析了语言教学的人文性内涵，主要包括培养学生的爱心品质、独立个性、幸福乐观的生活态度、创造精神和平等民主自由的精神。

王丽爱还提出，通过解读文本内涵、营造人文环境、运用背景资源、注重美文赏析帮助学生提升人文素养。对于大学语言教学的价值取向，姚敏等提出重新定位培养目标，创新课堂教学模式，注重培养学生的语言能力和人文素养。对于中国英语专业改革，胡文仲等提出通过改革当前的教学体制和课程设置、规划师资队伍建设等加强人文教育。

三、人文性理论的实践应用——应用语言教学

（一）人文性内涵

1. 价值观念的引导

价值观念是人们认识事物、辨别是非的一种思维或取向，体现出客体对于主体一定的价值或作用。语言教学无法回避价值问题，而相对稳定和持久的价值观念在教育者的行为中起着非常重要的作用。除了普遍要求树立的价值观念，英语作为外语课程，有其具有学科特色的对价值观念的引导。

首先，语言教学价值观念的引导表现为教师转变自身价值观念，在传授知识和培养技能的同时更注重培养全面发展的人。在语言教学过程中，不再有单一的知识灌输，不再把考试和升学作为唯一目标。从重点关注教师的单边“教”到重点关注学生互动的“学”，关注学生在学习过程中的心理活动。教师自身正确的价值观念是引导学生价值观念的前提和重要保证。

其次，“英语学科应引导学生树立怎样的价值观念”是教师不可回避也必须明确的基本问题。在经济全球化日益加强的信息时代，学生可以凭借社会媒体等众多途径接触到多样的文化，生活在文化及价值日益多元的社会。面对这一现状，学生在多元的文化及价值观念前需要教师给予适切的关注，引导其在了解多元价值观念的基础上进行反思、批判与选择。英语作为重要的沟通工具，也承载着语言背后的文明成果和人文价值。一方面，学生在英语学习中通过原始或经过改编的语言材料直接接触到外国的语言表达、思想观念、思维方式、文化习俗等，拓展其视野、丰富其经历，增强对异国文化的理解和认同、借鉴外国先进技术与理念、汲取人类优秀文明成果，形成开放、包容的理念。另一

方面，学生在英语学习过程中增进他们对本国文化的理解和认同，并运用外语工具传播和弘扬本国文化，增强文化自信心。此外，学生也在学习和运用不同语言的过程中加深跨文化交流和沟通，培养跨文化意识和能力。在当今全球生态与环境、人口与资源、战争与安全等问题的背景下，更是需要学生超越语言与文化界限，树立人类命运共同体意识。

2. 思维品质的提升

语言形式反映思维活动，人类的思维活动也可以通过语言传递给他人。在英语学习过程中，人文性是教师在帮助学生提高语言技能的同时提升思维品质。林崇德提出，在课堂教学中，师生的核心活动是思维。思维品质主要包括深刻性、灵活性、敏捷性、批判性和独创性五个方面。

深刻性是指思维活动的抽象和逻辑水平，与思维活动的广度、深度和难度有关。在英语学习和运用的过程中，教师可深入挖掘教学材料内涵，引导学生深入思考问题、系统理解问题，加强概括归类等抽象逻辑的训练，掌握事物的本质和内在关系。灵活性是指思维的灵活水平，包括思维的起点、过程和迁移。在英语学习和运用的过程中，教师可设置问题情境、开展头脑风暴等活动让学生从不同角度发散思维，分析与综合之间，培养学生“举一反三”的能力，灵活解决问题。

敏捷性是指思维的速度，反映了思维的敏锐水平。在学习和使用英语的过程中，教师可以通过计时和竞赛等锻炼他们的思维和反应速度，引导学生通过快速周密的思考快速判断，积极应对不断变化的情境。批判性是指独立思考与提问的水平，是对思维主动进行调整和校正的意识。在英语学习和运用的过程中，教师可引导学生通过对已有现象、观点等进行解释、分析、评估、辩论，深入对主客体的认识和理解，既开放又理性，不断求真、不断改善思维。独创性或创造性是指个体思维的创新精神和特征。在英语学习和运用的过程中，教师可鼓励学生创新语言表达形式、创新语言表达内容与意义、创新思考问题和分析问题的形式、创新解决问题的方式方法等，给予学生创新创造的空间与机会。在普遍意义的思维品质之外，英语课程对于思维品质的提升也更突出基于与母语表达方式不同上隐含的思维方式的差异，如英语多重直线型思维、开门见山，汉语多重曲线型思维、回环曲折等。在英语学习和运用的过程中，从体会、概括、对比中英两种语言表达的差异着手，分析、归纳语言差异体现的思维差异并探究这一差异所产生的原因及带来的影响，让学生从跨文化的视角观察和理解客观世界，不断提升思维品质。

3. 行为方式的优化

行为方式是人们从事实际活动所采取的形式、方法、程序诸要素的组合结构，反映了人们社会实践的能力与方式。英语作为文化价值载体和思维工具，在提高学生语言能力和提升学生思维品质的同时，也有利于学生行为方式的优化，优化其学习方式和解决问题的方式。

随着知识的积累更新、社会的发展变化，教育仅从数量上是不可能满足知识和技能需求的，教师的传授也只是众多学习方式中的一种。在此背景下，基于人文性的教育活动应注重培养学生的学习能力，优化学生的学习方式。在语言教学中，激励学生调整英语学习的策略，拓宽英语学习的渠道，帮助学生自我管理英语学习，养成良好的英语学习习惯；同时，迁移英语学习的能力和方式，促进学生个体的自主学习和终身学习。

社会发展日新月异、新的问题层出不穷，旧领域的新问题或全新领域的全新问题不再有旧法可循，给人类的实践活动带来新的挑战。应对这一挑战，富有人文性的教育教学活动应有益于人们解决问题的能力发展与方式优化。在英语课程的学习中，教师鼓励学生批判性、创造性地提出新问题、从新的角度分析问题、提出解决问题的新方法，灵活应对不同问题情境；同时，英语学习中的合作学习和任务情境设置促使学生加强交流与合作，培养学生与他人共处的能力。在这一过程中，增强学生应变、合作、创新等能力，在运用所掌握的某种专业技能应对各种情况的同时注重培养适应环境变化的综合能力，在与人合作中培养恰当人际关系中应有的态度和素质，根据自身和社会的双重理想和需要充分发展和成就自我，这些都体现了解决问题等行为方式的优化。

人们在认识世界的过程中逐渐形成相对稳定和持续的价值观念，价值观念引导下的思维活动过程及其特点内化为思维品质；与此同时，人们不仅在认识世界，思维品质也在实践中外化为行为方式得以展开。这三者间可以构成良性的互动循环，深刻影响着人的成长和发展。英语课程是极具人文性的一门基础文化课程，教师应明晰并深入挖掘其人文内涵，发挥语言教学对价值观念的引导、思维品质的提升和行为方式的优化，引导学生树立正确的价值观念、发展思维品质、优化行为方式，彰显语言教学的人文性内涵。

（二）人文性表现

应用语言学课程既有工具性又有人文性，而人文性是一个内涵相对丰富、包容性较强的概念。为了进一步明确应用语言学教学中人文性内涵的具体体现，为教育实践者提供参照和方向，促进人文性在教学实践中的落实。下面以语言学习重要内容的英语写作为例，从教学目标、教学内容、教学过程和教学评价四个方面展开说明。

1. 教学目标

教学目标是课堂教学的出发点，也是课堂教学的归宿，影响着整个课堂教学的过程。新课程改革从“双基”目标转向“三维目标”再转向“核心素养”。这一转变过程反映了以人为本的教育思想，体现了对提高人的内在素养的重视。语言学科核心素养主要包括语言能力、文化意识、思维品质和学习能力。

作为学生语言学习重要内容的英语写作，其教学目标应以人文性为导向，整合三维目标，发展学科核心素养，最终指向完整的人。基于这一认识，富有人文性内涵的英语写作教学目标把传授的写作知识和技巧作为“载体”，把写作过程和方法作为“操作系统”，把写作蕴含的情感态度价值观作为“动力系统”。整合写作教学的三维目标，即在写作过程中掌握写作方法，运用写作方法获取写作知识，提升写作技能，培养写作过程中所需的情感态度价值观；又以积极的情感态度价值观促进知识的获取、能力的形成以及过程与方法的掌握。可以看出，三维目标不是三个相互孤立的目标，而是一个目标的三个不同方面，共同指向学生作为人的全面发展。通过写作教学中三维目标的提炼和整合，培养学生在此过程中所需的关键能力与必备品格，优化学生的英语学习方式，发展学生的英语学科核心素养，并将其迁移运用于自身的全面发展、终身发展与个性发展。

2. 教学内容

教学内容承载和服务于教学目标，推动教学过程的开展，对培养学生英语学科核心素养起着重要的桥梁作用。富有人文性内涵的英语写作教学丰富教学内容主题并将主题内涵的一般意义与学生的个人意义相联结，成为学生写作的个人意义的生成线索，引导个人写作意义的建构。英语课程内容包括六个要素：主题语境、语篇类型、语言知识、文化知识、语言技能、学习策略。这些均可成为教师写作教学内容的选择和参照，而主题语境又处于核心和统领地位。主题语境包括人与自我、人与社会、人与自然三大类。其中，人与自我涉及生活与学习、做人与做事两大主题群下的九个子主题；人与社会涉及社会服务与人际沟通、文学艺术与体育、历史社会与文化、科学与技术四大主题群下的十六个子主题；人与自然涉及自然生态、环境保护、灾害防范、宇宙探索四大主题群下的七个子主题。这些主题涵盖人文社会科学和自然科学等领域，广涉中外文化范畴，并可以在内容广度和内涵深度上适当拓展，为英语写作教学提供了丰富的主题语境。

在主题语境的引导下，教师依托写作语篇加深对主题意义的理解，充分探索特定主题承载的文化内涵和学生思维品质的发展点，通过解决“写作问题”整合学科素养的培养。同时，教师通过了解学生的写作态度和已有经验组织写作教学内容，引导学生从写作主题的一般意义中去发现与他们个人兴趣、能力和经验相关的内容，联结学生当前或已有的学习和生活实际，激活和调动学生的生活体验作为写作教学内容，让教师和学生成为写作内容的共同开发者。

3. 教学过程

教学过程是贯彻教学内容、实现教学目标的课堂教学具体形式。随着研究和理解的深入，人们逐渐认识到教学过程不仅是一个认知过程，也是一个复杂的心理活动过程。写作教学过程也同样如此，它不仅包含学生学习写作语篇的认知因素，也包含其中复杂的情感因素。教师对写作教学的目标定位、教学内容与教学方法的选择与运用等均会影响学生在学习写作时的认知过程和情感体验。因此，具有丰富人文性内涵的英语写作教学过程既注重学生写作知识和技能的学习又注重学生写作过程中积极的情感体验，让学生在“愿意写”“有话可写”的基础上学习“会写”并越来越能“写好”，展现人的“知情并行”的发展过程。

英语写作教学过程可分为写前准备、写中、写后修改三个阶段。“愿意写”指教师在写作前通过主题语境的引入、头脑风暴、范例赏析等写前准备活动激发了学生的写作动机和写作意愿，“有话可写”指激活了学生的写作主题内容，这二者是学生学习写作的内部情感动力。“会写”指学生在整个写作过程中通过提炼纲要、借鉴范文、集体讨论、独立撰写等环节运用和内化英语写作知识和写作技能，如词汇句型表达、语法知识、体裁、语篇结构等，给予写作以必要的认知储备。同时，教师认识到无论是单一的语篇写作还是学生的写作能力、思维、态度等的培养都是一个动态的过程，需要给予学生充分的准备时间、撰写与反复修改的机会和适切的教师指导、同伴支持。因此，教师对学生充满期待和信心、给予学生即时的反馈与指导、营造互助友好的课堂氛围，这成为学生学习写作的外部情感支撑。最终，学生在内部情感动力、必要认知储备和外部情感支撑的共同推动下树立正确的写作观念、优化写作思维方式、将作品写得越来越好，感受写作的意义和乐趣、体验写作的成就感，在写作教学过程中获得积极的写作体验。

4. 教学评价

教学评价是对教师教的评价也是对学生学的评价，是进一步教学决策的依据，具有重要的导向作用。针对英语写作教学的评价，有必要依据写作课程的标准和具体的写作教学目标，对学生的写作进行解读和评价，并给予学生反馈。富有人文性内涵的英语写作教学把评价作为促进写作教学的重要手段，注重评价的全面与生成，把写作教学看作持续发展的过程，给予学习者前行的方向和动力，尊重人性实现的动态生成。

在评价过程中，教师更多地以“读者”身份走进学生作品并扩大“读者”群体，鼓励更多学生以更多元的形式参与评价；在参与的基础上，教师引导学生深入解读文本，评价语言形式及其所反映的写作者的思维品质与情感态度，体现了写作教学评价主体和形式的多元化。同时，教师在评价过程中秉持发展的眼光，不以某一篇或几篇作品孤立评价写作者，将学生的写作素养看作一个动态的发展过程，体现写作教学评价的生成性。

此外，富有人文性的写作教学评价也把评价过程视为师与生抑或读者与作者交流与协商的过程，交流读与写的真实感受、教与学的真实感受，正面看待和理解评价。基于此认识，得以让教师了解写作教学中的成效并继续保持、也发现教学中的问题及产生原因，从而及时反思与调整教学，实现以评促教；也得以让学生肯定自身写作的优势与特色、了解自身不足与提升方向，并在全面、生成的教学评价中有即时改进与提升的机会，从而体验到写作的进步与成就，增强写作学习的兴趣和信心，实现以评促学。在英语作为长时期主要外语学习语种的中国，各方都投入了巨大精力，但“哑巴英语”“高分低能”等称谓却时常萦绕耳旁，这是对语言教学高投入低收效的直接反映；作为学习者语言综合运用能力重要体现的写作也同样如此，处于长时期较难提升的尴尬境遇。

（三）人文性落实

1. 正确理解人文性本质

语言是学生体现综合素养的方式之一。语言作为交流表达方式，通过不同人们思维的，使人们感受交流的意义与乐趣，为第二语言学习建立信心；作为个人意义建构的方式，学习者可以在学习的基础上随时进行自我的语言调整与意义建构，逐渐形成自己的语言风格。正确把握应用语言教学的人文性本质，以应用语言促进学生全面发展，需要融合应用语言教学工具性与人文性、整合听说读写语言综合能力、形成课内外合力、加强学科间的联系和促进。

2. 正确定位学生的角色

学生是最终的学习主体，即使教师“主导”或“控制”整个语言教学过程，传授语言知识和语言技巧、布置“命题”让学生模仿练习，教师也始终不可能代替学生去表达语言，学生的接受程度、练习的效果程度也不容乐观。要改变英语语言教学现在提升难、成效低、忽视人文性的现状，教师必须正确定位学生角色，把学生作为“语言意义的主动建构者”“语言教学主题的共同开发者”。

3. 充实教学内容人文性内涵

教学内容本身是否具有丰富的人文性密切关乎语言教学人文性的落实，影响着教学过程的开展和教学目标的实现，充当着重要的桥梁作用。因此，教师应丰富语言教学内容来源、深入挖掘语言教学内容人文性内涵，以此充实语言教学内容的人文性内涵。丰富语言教学内容来源意味着不再由教师单一地权威决定教学内容的主题，而是秉持师生平等、师生共同参与的观念与学生协商教学内容的选择，给予学生自主权并激励学生积极参与。

尽管丰富语言教学内容来源对于充实教学内容人文性不可或缺，但丰富的教学内容并不能确保丰富的人文性内涵；相反，如果对于内涵加以挖掘，即使是有限的微小的主题也能赋予丰富的人文性内涵。因此，在追求丰富教学内容的同时，教师更应注重对教学内容人文性的深入挖掘，以教学内容丰富的人文性内涵引导学生正确价值观念的树立、优秀思维品质的培养、良好行为方式的优化，最终促进学生作为人的全面发展。

4. 提高教师自身的人文素养

从正确理解语言教学人文性本质，正确定位学生角色，充实语言教学内容人文性内涵三方面探索了落实策略。虽然侧重不同，但不难发现这三个方面均与教师自身的人文素养密切相关。事实上，对应用语言教学人文性的呼吁也是对教师人文素养的诉求。因此，教师应增强人文关怀意识、提升理性思维水平、培养终身学习能力以不断提高自身人文素养。

第四章　应用语言学的核心领域

应用语言学是一门新兴的学科，其核心是语言习得和语言运用，是研究语言应用的种种问题的应用学科。本章分为二语习得，儿童语言学，心理语言学，社会语言学和语言教学五个部分。主要包括：第二语言习得概述，乔姆斯基的普遍语法理论和克拉申“语言监控”理论等二语习得理论，儿童语言研究对象和研究任务，心理语言学的性质、研究目标、研究范畴和研究意义等内容。

第一节　二语习得

一、第二语言习得概述

第二语言习得指母语习得之后的其他语言学习。作为应用语言学的一个重要分支，第二语言习得研究人们学习第二语言的过程和结果，其目的是对语言学习者的语言能力和交际能力进行客观描述和科学解释，对学习者的第二语言特征及其发展变化、学习者学习第二语言时所具有的共同特征和个别差异进行描写，并分析影响第二语言习得的内外部因素。

二语习得一直是众多教育学家及语言学家关注的话题，尤其是在当今社会，多语者越来越多，只会一种语言的学习者已很难跟上当今社会快速前进的步伐且很难适应国际化的趋势。因此，如何才能使学习者学好一门第二语言成为研究者关注的热点。第二语言习得理论包括普遍语法理论、监控理论、文化适应模式、适应理论、功能理论等。

二、乔姆斯基的普遍语法理论

语言学家乔姆斯基（Chomsky）在20世纪80年代初提出了普遍语法理论（Universal grammar theory），这一理论认为普遍语法是人类大脑中生来就存在的语言知识体系，它包括一套语言的原则和参数，人们通过后期语言经验这一必要条件的触发，能够从普遍语法过渡到个别语法。儿童在语言环境的浸染下不断积累个人的语言经验，而后能够将这些预制信息块重新组合并表达出来，从而掌握所学习的语言，所以在外语的教学过程中，要意识到语言环境的重要性。

（一）普遍语法提出第一人

乔姆斯基认为人类语言只有一种，改革心理学的同时，也改革了语言学。他重申语言内在论，说明人类的知识大部分都由遗传决定，并提供证据解释无意识知识才是语言能力的基础，推翻行为主义，将心智研究作为主要研究对象。他改变了我们的思维方式，让我们有机会重新审视自己，其成就可以与达尔文和笛卡尔比肩。他的大部分精力主要用于政治活动，揭露政府谎言，曝光政府背后大财团的影响，并试图建立一种社会秩序。

他的影响与爱因斯坦和弗洛伊德相似。他像弗洛伊德一样改变了我们的心智概念，又像爱因斯坦一样将科学创造性用于语言和心智研究，他还转换范式，把语言研究带到科学研究主流，把心智作为一种自然现象，运用自然主义进路解释，因此语言和心智研究与自然科学相联系，语言成为科学研究的范畴。除了对语言学、哲学和心理学的主要影响外，乔姆斯基还对其他学科如人类学和数学、教育学以及文学有影响。为了了解乔姆斯基，我们需要首先了解乔姆斯基普遍语法的生成路径以及科学研究方法特点。

（二）普遍语法假设

乔姆斯基认为，普遍语法是理论、条件和规则系统，是所有语言普遍具有的本质属性和特点，是语言的本质。所有人类都共有的一部分语言知识，普遍语法就是他们共有的部分，无论他们讲何种语言。普遍语法规则是所有语言的基础蓝图。普遍语法才能解释清楚为什么儿童在外界语言输入有限的情况下，早期可以迅速习得母语。如果没有特定的普遍语言知识，学习不可能发生。乔姆斯基还强调：普遍语法决定一系列核心语法，而且是同一理想语言社区个人知识在心智中的表征，是核心语法标记的成分，是构成核心语法的边界，这一假设具有合理性。

普遍语法认为婴幼儿生而具有所有语言共有的某种核心语言知识，帮助他们习得某种特定语言。语言能力具有生物性，是遗传禀赋，是语法基因，语言本身是基因决定的。这一点从神经心理学家艾瑞克·列纳伯著作中也可以找到理论支撑。他认为学习语言的能力的确具有内在性，而且语言能力和其他先天能力机制一样，局限于某个关键时期。如果儿童在关键期之初没有学会语言，那么他们就再也学不会语言，这一点与关键期假设一样。

乔姆斯基提出普遍语法，他的理论成为理性主义研究传统的核心。乔姆斯基的提议与瑞士儿科专家荣格的原理概念理论有相似之处。卡尔·荣格认为，人类生来就有某种遗传的作用模式，根植于某种无意识心智状态，是一种原型理论。原型具有激发能力，控制并协调一般行为特点并调节所有人类的一般经验，被视为内在神经的核心。乔姆斯基认为，虽然各种语言语法各异，但语言的基本形式深层结构具有普遍性; 即，在神经那个最深层次，存在一种普遍语法，所有个别语言的语法都是在普遍语法基础上发展而来。

（三）普遍语法理论的发展阶段

普遍语法是贯穿乔姆斯基语言理论的全过程，是人类大脑具有的语言知识状态，是人类语言必须拥有的一系列规则和条件，是人类的无意识知识。普遍语法是乔姆斯基为研究语言而假设的一个概念。这个概念源自波尔·罗亚尔语法。普遍语法的核心思想就是要制定出少量原理并以这些原理为依据建立一种语法机制，为各类不同语言的语法提供参照点。乔姆斯基语言科学观始于 20 世纪 40 年代，他在宾夕法尼亚大学时的毕业论文，也是他的硕士论文雏形——《现代希伯来语言的形态音位研究》。这篇论文是乔姆斯基早期对语言学和生成音系学的探讨，不仅详细分析了形态音系学，而且还分析了现代希伯来语的整个语法体系，从音位一直到句法，是现代希伯来语的完整生成语法。论文的重要性主要体现在乔姆斯基对语言学的深入研究以及生成理论的影响深远。这一开创性文章对乔姆斯基语言学研究者们追根溯源了解生成语法意义重大。这篇文章堪称是乔姆斯基普遍语法理论发展的创世纪之作，意义重大，是普遍语法和生成语言学在希伯来语言中的具体应用。这篇文章中，乔姆斯基的目的就是希伯来语的生成语法观。50 年代早期，他到哈佛大学读硕士，开始他的里程碑式的著作《语言理论的逻辑结构》，其中有一章提交到宾夕法尼亚大学作为他的博士论文论题。他于 1955 年完成并修改，但实际出版时间为 1975 年。由于霍华德·拉斯尼克（Howard Lasnik）讨论计算层次时提到，计算层次已经置入乔姆斯基语言器官理论，为乔姆斯基语言科学研究奠定了基础。内尔·斯密斯（Neil Smith）说明乔姆斯基语言科学研究性质时，也指出语言科学和生物学之间的关系。尤其是乔姆斯基解决柏拉图问题——解释我们如何在短期内习得语言知识时更明显。乔姆斯基给出的答案就是“普遍语法”，假设儿童开始学习时的初始状态就是普遍语法，一种语言结构图式。乔姆斯基和莫里斯·哈里斯（Morris Harris）合作的《英语的语音模式》说明语音具有系统性、抽象性，是英语语言独有的语音。语音模式研究说明大脑的部分组织与灵长类组织相似，该组织曾被认为是辨别声音的器官。于人类而言，这一组织就是语言特有的，是内置于大脑用于分辨语音、做出回应并输出语言的组织模块。

与笛卡尔一样，乔姆斯基不仅研究语言科学，还研究心智科学，说明语言和心智都是心智科学发展的结果。乔姆斯基 20 世纪 50 年代开始阅读哲学著作，受到那些伟大哲学家们的影响，并开始勾勒蓝图，发展一种框架研究心智和语言，一种理性主义路径，不同于经验主义。他认为经验主义主要是研究相似性类比，无法解释语言的创造性；理性主义认为人类运用语言具有灵活性、创造性。主要是由于人类心智具有内在结构，心智内容促成语言的创造性。1959 年，乔姆斯基对斯金纳的《语言行为》一书做出长篇评论。他对斯金纳的批判虽然也涉及不同语言行为的功能，但主要集中对斯金纳行为主义理论批判，也是对行为主义心理学的批判。

乔姆斯基认为动物的条件反射行为不应该应用到人类身上。我们必须假定大脑中已经存在某些看不到的实体。他对斯金纳的研究方法和基本假设的批评结束了行为主义对语言研究长达几十年的统治地位。他要寻找一种新的语言研究路径，于是在 20 世纪 50 年代后期提出转换生成语法，对结构主义描述语言学造成巨大的冲击。《句法理论》标志着现代认知革命的开始。转换生成语法自提出到现在，经过了五个阶段的发展。在句法理论中，乔姆斯基主要提出转换语法理论，以及转换语法的构成，是第一个阶段，属于经典理论。短语结构构成语法基础，通过转换规则输出形态音位形式。句法理论以理想语言为研究对象，在转换过程中没有考虑语义解读，因此输出错误形式。因此，乔姆斯基对句法理论补充，并于 1965 年以《句法理论的几个方面》出版，将语义结构成分增加到转换语法中，认为语言学理论应该研究语义；这一阶段是标准理论阶段。第三个阶段是扩展的标准理论，主要集中讨论语言普遍性和普遍语法。第四阶段发展主要是对第三阶段的修正，是修订扩展标准理论，主要探讨管辖和约束理论。最后一个阶段就是最简方案，是对管辖和约束理论的修正。转换生成语法发展的各个阶段就是普遍语法的早期发展。普遍语法理论的发展阶段如表 4-1 所示。

表 4-1　普遍语法理论的发展阶段

时间	理论	关键词	著作
1957	转换生成语法（经典理论）	改写规则、转换、生成、核心句	句法理论
1965	标准理论	语言能力 / 语言行为 深层结构 / 表层结构	句法理论的几个方面
1972	扩展标准理论		生成语法中的语义问题
1981	管辖约束理论（管约论）	原理、参数、D 结构和 S 结构、移动	管辖与约束理论讲座系列
1990	最简方案	计算体系、界面条件、完美性	最简方案

乔姆斯基通过两个层面发展普遍语法。

一个层面是通过语言的普遍概念和语言习得理论。理论的根基就是乔姆斯基对语言能力和语言行为做出的区分，可以追溯到 50 年代末期到 60 年代中期，之后的研究一直是以语言能力为主，还延伸到对心智和心智表征的研究，也是对普遍语法理论的认可。

另外一个层面就是描述句法。上述提到的著作也是各个理论发展时期句法描述的结果，各个阶段运用不同核心词描述普遍语法。第一阶段句法理论组要介绍“生成语法”概念，强调通过改写规则生成形式描述，如句子可以改写为名词短语和动词短语，强调生成核心句的短语结构规则与转换规则的独立性。核心句可以通过转换规则生成被动句、否定句和疑问句。最典型的例子就是“Colorless green ideas sleep furiously”，语法上句子正确，语义上讲不通，乔姆斯基主要说明句子独立于语义，因此第一阶段句法理论中在句法解释中将语义限制排除在外。第二个阶段理论是对第一阶段经典理论的发展，超越第一阶段句法理论成为标准理论。1965 年乔姆斯基的《句法理论的几个方面》问世，后来被称为标准理论。这一阶段乔姆斯基对转换生成语法的解释更为深入，也成为乔姆斯基语言学理论框架形成的奠基之作。《句法理论的几个方面》是乔姆斯基认识论假设的充分体现，借助于符号和规则将语言学理论形式化，语言学科学似乎更像科学。主流语言学研究逐渐由行为主义范式的经验主义转变为心智主义、理性主义和生成主义，把研究对象变成人类心智研究，一种与语言学习和语言输出有关的抽象的内在运行机制。这一理论主要是在区别语言能力和语言行为基础上形成的。他认为我们应该认可句子有两种结构，深层结构和表层结构。表层结构相同的句子可能深层结构解读不同，主要取决于潜在的名词和动词关系。

乔姆斯基在70年代对标准理论进行扩展，重新修改了句子转换规则。80年代管辖和约束理论初步形成，简称管约论。管约论认为人类语言由管辖语法的原理和参数构成。深层结构和表层结构术语也得到精炼，成为术语概念D结构和S结构。普遍语法的管约论在语言知识中做出详细说明。尽管乔姆斯基用到管辖和约束理论作为句法主要描述理论，但他认为这个理论容易误导读者，所以又更名为“原理与参数”理论。他认为原理与参数理论更适用于描述句法特点。乔姆斯基并没有停下普遍语法发展的脚步。80年代晚期他提出“最简方案”理论，体现在1993年和1995年的“最简方案”和“最简方案”修订。“最简方案”主要阐述理论的普遍特点，通过简化语言知识适用于所有语言普遍原理，并对词汇附加参数。尤其是“最简方案”修订，就像奥卡姆剃刀一样，乔姆斯基取消了管约论中很多具体理论，提倡最少操作过程，最短运动距离。

三、克拉申“语言监控”理论

20世纪70年代末，美国著名的语言学家斯蒂芬·克拉申（Stephen D Krashen）对第二语言习得提出了一系列假说。1985年，在其著作《输入假说：理论与启示》中首次明确提出有关二语习得的“语言监控”理论，共包含如下五个假说。

（一）习得-学得假说

克拉申在“习得-学得假说”中明确区分了“习得”与“学得”两个概念。他认为“习得”是学习者在语言环境中通过交际来内化语言，这一过程是下意识的，是在自然状态下所能获得的，注重的是语言意义而非语言形式，正如孩童获得自己母语的过程一般；而“学得”则是有意识的，它需要第二语言学习者在教学环境（课堂）中，通过教师讲解语法规则并辅以练习来掌握语言规律，这一过程更加注重语言形式。

（二）监控假说

监控假说是指第二语言学习者会利用他们所掌握的语言规律监控他们所输出的语言。在这一过程中，语言学习者注重语言形式大于语言意义，当输出第三人称单数时，学习者需要考虑变动动词的形式；在输出名词时，要考虑是否采用复数等问题。因此，这一理论要求教师在学生输出语言时给予充足的时间，学生能够通过监察检测自己是否完全掌握某一语法规则，及时发现语言问题并订正问题。同时，教育者要引导学生适度监控，避免过度注重语言形式。

（三）输入假说

克拉申在20世纪80年代初期提出的“输入假说”，从理论上为第二语言学习及外语教学提供了一个新的概念，在外语教学界产生了较为广泛的影响。克拉申教授的“输入假说”的主要内容有四方面：一是输入是语言习得的首要条件；二是要保证语言输入的有效性；三是语言输入要遵循“i+1”原则；四是语言输入要遵循“此时此地”原则。克拉申认为语言习得有赖于大量的语言输入信息，而这种语言输入必须是有效的。有效的输入应具有以下特点：可理解性，趣味性，非语法程序安排，足够的输入量。也就是说给学习者提供的语言输入一定是学习者可以理解的内容，不可理解的输入对于学习者而言，只是一种“噪音”。其次，输入的材料也要引起学习者的兴趣。输入的语言材料越有趣，越关联，对学习者的语言习得就越有利。此外，语言应该是“习得”，而不是“学得”，即按语法程序安排的教学不仅不必要，而且不可取，语言掌握的关键还是要依靠大量有效输入、注重意义的自然交际而非机械的记忆、练习。最后，要保证足够的输入量。要习得新的语言，仅仅靠几道习题、几篇文章是不够的，它需要连续不断地有内容有趣味的广泛阅读和大量的会话才能奏效。关于有效输入的可理解性特点，克拉申还提出了“i+1”输入原则进行了进一步的阐述。他认为，如果语言输入全部是学习者很容易理解的内容将无法激发学习者的学习动机和学习兴趣。故语言输入内容的总体难度应略高于学习者现有能力的语言材料但不超过学习者的学习能力，也就是说语言的输入既不应该远远超出学习者竭尽全力所能达到的最高水平，也不应该太接近他们现阶段的水平以至于对他们没有任何挑战。而这种略高于学习者现有能力的语言材料能够被学习者理解的原因之一也是因为有语境的帮助。最后克拉申还提出，在语言输入的过程中，应该遵循“此时此地”原则。即所输入的语言信息必须是真实的，因为语言习得只有在真实的语境中才能产生，在真实的语言环境中，语言交流才能体现有效意义。

在我国目前的外语课堂教学中，要创造像习得母语那样的真实的语言环境显然是不现实的，而且语言的输入也受到一些条件的制约，比如教材上语言输入的材料是经过选择并加工的；语言输入受到学时、考试等诸多因素的影响；语言输入的目的更多是为了认知，而非交际。但是克拉申的“输入假说”仍然对我国外语教学有指导性意义。在大环境暂时无法改变的形势下，教师可以利用一切教学手段尽可能提高语言输入的有效性，为学生提供相对真实的语言情景。

与传统授课方式相比，利用多媒体网络辅助英语情景教学，提高了课堂语言输入的容量。同时，教师借助现代多媒体和网络技术，增加了语言输入的可理解性，多形式的资源丰富了学生的感官体验，提高了学生的学习兴趣，增强了能够加强学习的学习动机。而一些多媒体资源在课堂上的应用，比如英语原声电影、电视新闻、视频片段等为学生们习得语言提供真实的语料和知识输入的同时，也辅助了外语情景教学。多媒体网络辅助英语情景教学为学生们创设了集视、听、说、做于一体的尽可能真实的语言学习环境，符合克拉申的“输入假说”理论，是课堂上学生习得语言的一种有效方式。

（四）情感过滤假说

这里的“情感”包括学习者的学习动机、学习兴趣、学习态度以及学习情绪等因素。情感过滤是指输入的语言在学习者头脑内部会经过一个过滤的过程，该过程使得学习者只注意他们感兴趣的知识，只有通过这一“脑内过滤器”才会被“吸收”而不良的学习情绪会阻止语言信息的输入。该假说要求教育者在教学过程中重视学生情绪以及学习材料趣味性。

（五）自然顺序假说

自然顺序假说是指二语学习者是按照一个特定的顺序进行“学得”语言规律的。这个顺序是自然的，与学习者的年龄和学习方式无关，即一些语法规律被较早地掌握，另一些则较晚。例如，名词单复数先于名词所有格被语言学习者所掌握。

第二节　儿童语言学

一、儿童语言研究

语言学习是一个复杂的过程，很多因素都会促进或阻碍儿童的二语学习效果。而只有找到影响儿童第二语言学习的最关键因素，我们才能为儿童的二语学习提出具有针对性的指导性策略。因此，对影响儿童二语习得关键因素的研究具有重要的理论和现实意义。

我国儿童语言研究最早由心理学界开始，学者们一方面对西方儿童心理学理论进行介绍和探讨，一方面将这些理论与儿童语言研究相结合，通过记录儿童口语语料等方式，对儿童语音习得、词汇量增长、句法结构发展等方面进行了初步的探索，为国内儿童语言研究奠定了基石。

张云秋教授和她的团队的著作《汉语儿童早期语言的发展》运用当代前沿的语言学理论对儿童语音、词汇、语法等各个方面的获得规律进行了归纳和深入解释。他们对几个儿童的语言、句法和语义的发展做了长期的跟踪调查并建立数据库加以分析，据此提出了一些新的观点，比如儿童声母获得偏误中包含了必然性偏误和偶然性偏误，比如儿童获得多义词时同时使用多种策略，且多种策略冲突时功能需求占上风。

梁卫兰等使用 CCDI 普通话版量表对 16 ～ 30 月龄小儿的语言发展情况进行了研究，结果表明在此阶段儿童语言表达能力、句子长度和语法应用能力发展迅速。杨先明从认知语言学的角度，运用组块分析法对 0 ～ 5 岁普通话儿童语言的发展过程进行了定量和定性分析，发现儿童语言发展过程是连续的且呈现显著的阶段性。杨将 0 ～ 1 岁划分为语言意识形成期，1 ～ 3 岁为范时关系确立期，3 ～ 5 岁为事件与关系扩展期。张廷香和潘超都运用语料库语言学的方法，自建 3 ～ 6 岁儿童抽样语料库，对语料进行转写和分析，并揭示了从语料中反映出来的儿童语言能力和语言知识情况。张文除了对各类实词、虚词的分析之外，还分析了儿童话语中的“偏误”现象，潘文则讨论了各词类内部的发展 . 顺序和影响因素。姚寒露从语义角度选取五岁段儿童的语料研究了该年龄段儿童汉语普通话常用词，并与四岁段儿童常用词进行了比较。

除了儿童语言研究的集大成者，更多的学者也致力于该领域某一方面的研究。在该领域，孔令达及其合作者们取得了一系列成果。由孔令达主编的《汉族儿童实词习得研究》是我国第一部系统地描写和分析汉族儿童习得普通话实词的面貌和规律的著作。该书全面分析了年龄在 1 ～ 5 岁的儿童话语中普通话各类实词及其次类的句法、语义和语用的掌握情况，并对各类词的习得顺序、特点、机制和策略等问题进行了探讨分析。孔令达、陈长辉对儿童语言中代词的发展顺序做了介绍并从认知和功能的角度对该发展过程的合理性做了理论解释。

陈萍、许政援提出“儿童获得最初词汇的过程，是连续音节逐渐被有指向的词取代的过程”的观点。王永德从认知发展的角度探讨了词汇习得过程，认为儿童词汇习得表现为在大脑中建立心理词汇的动态发展过程。金星明等人对儿童最初表达的 50 个词语的发展进程进行了初步研究，最初 50 词包括人物名称、动物名称、物品名称及其他，他们还得出 18 ～ 19 个月儿童词汇呈快速增长趋势的结论。曾涛、段妞妞对五名普通话儿童长期跟踪调查发现，儿童在 18 个月左右出现词汇飞跃现象，该现象也象征着儿童语义迅速发展，与此同时，以词语组合为标志，儿童句法也开始出现。

语言发展协作组的研究人员对幼儿空间词汇、形容词汇的掌握情况做了考察，发现儿童在大约5岁时已基本掌握了“后、前、中、外”等词，5岁之后空间词汇习得水平渐趋平稳，“左、右”则直至6岁都未能完全习得：幼儿一般率先使用形容词描述物体特征，其次是动作、人体外形，再次是个体品质和表达情感，最后为事件情境，儿童往往只能掌握形容词的部分含义。武进之、董蓓兰、杨期正专门对上海市区儿童使用形容词的情况进行了调查研究。

周因光对儿童副词习得进行了考察，指出儿童习得副词具有偏向性的特点，儿童更早学会使用表示高程度、大范围、全包括、多频次的副词。周认为这是由于高、大、重、强的事物刺激强度大，易被感知，也是由于人们往往习惯将“好”与“大、多、全”等联系的心理。钱益军和李慧敏都关注了儿童语言中的语气词，都认同儿童优先习得祈使句和陈述句中的语气词，都强调模仿、替换、添加等习得手段。赖小林设计实验研究了2～4岁儿童“大”“小”空间形容词词义的掌握情况，发现2岁儿童尚未了解大小词义，4岁儿童尚未完全习得大小词义，儿童对空间形容词的习得遵循由易到难，由浅到深，由绝对禁止到相对灵活，由以自我为中心到以外界为中心的规律。何洁通过设计句法知识、语义知识和语用知识测试对儿童早期语言中简单形式反身代词“自己”的习得情况进行了考察。杨小璐通过实验考察了4～6岁普通话儿童对表时间和数量的副词“才”“就”的标量含义及其语义对立的理解，结果发现该年龄段儿童尚未掌握“才”“就”的标量含义。杨小璐通过看图判断句子正误的实验，考察了说汉语的儿童对汉语中限制焦点助词“只”和“就”的理解情况，结果发现4～6岁儿童一般忽略限制焦点助词的分布。纪悦、杨小璐专门研究考察了儿童早期“来”和“去”的使用情况，发现“来”和“去”在儿童话语中存在不对称性。杨永林、丁韬、杨小璐讨论了儿童色彩语即颜色词汇习得中的几个问题，将这些问题表述为顺序问题、类属问题和难度问题。宋刚考察了普通话儿童早期习得的动词范畴、论元结构和句法线索等问题，指出儿童早期动词习得是基于规则的且已有动词范畴的概念，外部输入的句法结构等句法特征是早期动词习得的句法线索且对习得具有积极的促进作用。曾涛、邹晚珍考察了普通话儿童6岁前范畴层次词汇的发展情况，考察结果显示，儿童对范畴层次词汇的习得顺序依次为从基本层次到下位层次最后到上位层次词汇。陈杰、孟祥芝对汉语和韩语的比较研究发现，儿童早期获得的动词和名词的比例并无明显差异，从而否定了“名词优势”理论，他们还认为语言结构特征和成人对儿童的语言输入会影响儿童早期词汇中的动、名词的比例。

一般情况下，有关词汇的研究往往会涉及语词义的研究。欧阳俊林认为儿童语义发展经历了由简到繁、由粗到细的过程，语义习得与概念发展是同时进行的。张钊通过六个感知实验探讨普通话儿童如何对名词和动词进行范畴化习得，结果发现句法范畴在幼儿语言习得的初期约 12 个月的时候就已经出现，并且与词的语义习得相互独立，范畴化能力的发展随着认知能力的发展而增强。王彤和李倩都对四岁幼儿语言的语义进行了研究，王从语义角色的习得轨迹和语义网络的建构等方面研究普通话 2 ～ 4 岁段儿童的语义句法的习得，李在总结四岁幼儿语义关系词表的基础上，统计四岁幼儿语义关系词汇，从而发现该年龄段儿童词汇语义关系习得情况。李云芳以语义语法学理论和认知语言学的范时理论为指导，基于自建的六岁段幼儿自然会话语料库，对普通话 6 岁儿童在词汇方面表现出来的特征进行了分析。

近年来，以张云秋为代表的首都师范大学儿童语言研究团队在儿童语言获得方面也取得令人瞩目的成就。另外，南京师范大学李葆嘉先生、华东师范大学的周兢先生也进行了很多开创性的研究。这些学术团队、领军学者不仅已经取得了大量的研究成果，也为儿童语言研究引领、培养了许多的后备力量进入该领域，持续进行对儿童语言奥秘的探索。现有的研究对儿童语言发展的各个要素的微观层面描写得很充分，而对儿童语言整体发展过程的宏观层面的解释较少。总体来看，国内儿童语言研究走过了由引进国外理论到发展形成自己的观点、由简单的日记观察到运用先进的技术设备、由专题、专项到整体全面的道路，收获颇丰，但有许多问题仍需进一步解决，许多领域仍待进一步探索。

二、儿童语言学的研究对象

（一）狭义的儿童语言学

这种只把儿童掌握母语口语的过程，特别是儿童早期掌握母语的过程作为研究对象，也被称为“母语获得”或“第一语言习得”。儿童早期母语的获得研究关注的是语言的各子系统的发展、儿童语言运用能力的发展以及儿童语言运用相关语言获得理论等问题。

（二）广义的儿童语言学

1. 第一语言口语学习

将研究时间定位在儿童出生起到第一语言的口语发展成熟这一段时间内。但是究竟什么程度算是掌握成熟，是一个主观的度量，答案因人而异。此外，对儿童母语口语学习的研究是否包括标准语和方言的“双言现象”问题。

2. 第一语言书面语学习

对于汉族儿童来说，文字的学习不仅仅是学习一种记录语言的书写符号系统，也是对语素的完善性学习，如果不掌握汉字，就难以区分汉语的语素。因此，研究儿童第一语言书面语的学习，不仅涉及儿童文字的掌握，也涉及书面语特殊词语、句子格式和表达方式的掌握，还涉及口语和书面语之间的相互影响。

3. 儿童的非第一语言学习

在民族杂居的地区，儿童会接触“双语现象”乃至“多语现象”。随着时代的发展，儿童非第一语言的学习也成为一种普遍现象。当今社会对多语人才要求更多，一些儿童从小就开始学习双语乃至多种语言。

4. 语言障碍儿童的语言教育

语言障碍儿童是指在正常环境下生长，智力和听力发育正常，没有神经或精神损伤，但语言能力发展迟缓或异常的儿童。

三、儿童语言学的研究任务

（一）充分描述儿童语言的发展过程

目前，对儿童语言发展的基本过程还缺乏足够的了解，至多也是只有个粗线条的勾勒，并且仅限于学习英语的儿童。对于语言的一些子系统的发展过程，还研究得不充分。特别是儿童语音系统、语义系统的发展和儿童运用语言的情况，甚至还较少涉足，要对儿童语言发展的材料加以充分、全面地收集和描述。

（二）揭示儿童语言的发展规律

目前，学术界已经提出了一些儿童语言的发展规律，但所揭示的规律还很有限，而且很多规律是在有限的材料基础上概括出来的，需要事实检验这些规律的普适性。这些理论学说与一定的学术派别相联系，并且大都是些推论，所以也具有片面性。因此，对于儿童语言发展的解释，目前仍处于假说阶段。

（三）探讨应用的理论和方法

应用体现着科学的价值，也是验证科研成果真伪的一个方面。作为基础学科的儿童语言学，不一定要解决应用的具体实践问题，但是关于应用的理论和方法的探讨，却是不容忽视的。

四、儿童语言结构习得与联结主义理论

鲁梅尔哈特和麦克莱兰提出的“交互激活”模型常被视为联结主义的初期

理论。该模型旨在探讨语言加工过程，为语言认知研究中的联结主义视角奠定了基础。交互激活模型认为，语言加工不仅是由形式到意义的自下而上的串行处理过程，也包含自上而下的监督反馈加工。交互激活理论为言语听辨过程中的词优越效应，以及视觉词汇识别过程中的语境效应提供了合理解释。但交互激活理论仅强调了模块间的交互作用，而针对模块内容表征问题仍采用一个节点单位表征一个概念的“方位表征模式”，并未从本质上突破模块观的藩篱。这也是后来神经网络模型中所认为的“局部神经网络”。这种局部神经网络虽能够解联结主义理论先驱在其著作中反复提到语言习得机制问题，并强调联结主义理论在语言研究领域的可应用性。其中一个极具说服力的例证即为，PDP 模型能够成功解释儿童语言习得过程中频繁出现的“过度规则化”及“U 型”发展现决知识表征模式问题，但对于解释学习机制，认知灵活性则存在较大局限。联结主义先驱们也认识到这一点，于 1986 年在“交互激活”模型基础上提出了“平行分布加工（Parallel Distributed Processing—PDP）”模型，加强了联结主义理论的解释效力，稳固了联结主义理论在认知科学领域的根基。

一般情况下婴幼儿大约在迎来周岁生日之际，会发出表达实质意义的初语词汇。在接下来的语言发展中，儿童需要经历“独词句阶段”“双词句阶段”“多词句阶段”最终达到“复杂句阶段”。诸多儿童语言发展研究指出，大约从 2 岁左右开始，在许多婴幼儿的语言表达当中就能观察到带有形态规则的词汇表达。如：“dogs”“books”等名词复数表达，going，talking 等动词屈折形态表达等。基于对儿童语料分析，以名词复数形及动词进行时为代表，对名词-动词形态规则的习得过程进行了系统性考察。研究结果表明，早在 20 个月左右婴幼儿的语言使用当中，就已出现带有名词复数及动词进行时等形态规则的表达，但形态规则的正确使用率并非稳步提高，而是呈现出增长—回落—再增长—再回落的曲折发展特征。同时对儿童语言行为观察中也发现，儿童大约从 30 个月左右的开始已经能够基本准确地使用“s”、“ed”等具有语法功能的屈折语素。但从 3 岁左右开始，反而频繁出现“childs”“goed”“comed”等规则过度使用错误。类似的语法错误会持续几个月甚至几年，随着年龄增长逐渐减少最后消失。学者们将这种语法规则的泛化使用称为“过度规则化”现象，将形态结构的退行发展轨迹称为“U 型发展现象”。此外，其他儿童语料分析研究还发现，以上两种现象并非只存在于儿童的词法规则习得当中，在语序规则以及语义概念结构的习得过程中也同样有所体现。这些发现似乎表明，“过度规则化”及“U 型发展现象”是普遍出现于儿童语言结构规则习得过程中的基本发展模式。以上观点已基本在学界内达成共识，但有关这一发展模式背后的认知机制仍存在广泛争议。

以乔姆斯基为首的生成语法学派认为“过度规则化”现象正是语法规则系统具有普适性的典型体现。并以此强调语言习得归根结底即为，运用内置于人脑的语法系统，将抽象化的普遍语法进行类推的具体化过程。而鲁梅尔哈特和麦克莱兰则对此提出了不同的解释，认为“U型发展现象”体现了语言发展过程的联结主义模式，并尝试用PDP模型成功模拟了儿童在动词过去时态习得过程中的“U型发展轨迹”。

拟建的过去时态学习网络，由四个单元层次构成。第一层为接收动词词根的语音信息输入单元，第四层为完成过去时态变形后的语音输出单元。而第二层与第三层为表征过去时态变形规则，调节输入单元与输出单元联结关系的内隐单元。各单元层均由大量节点构成，按照某种函数关系进行权重联结。且节点间的联结权重会随着语料输入的不断累积自行发生改变。在语料输入量较少的初期学习阶段，负责表征规则整合信息的内隐单元尚未被激活。输入单元接收来自外界的语料信息，基于权重函数映射至输出单元。因此，网络学习的初期阶段只是对数据的整体性粗略化加工，还尚未呈现任何规则化表征和分析性加工。随着语料输入的积累，输入单元与输出单元在不断映射联结的作用下，其节点间的联结权重逐渐变化，网络在此过程中发现并提取语料特征。当网络加工语料累积到一定数量后，内隐单元被激活，开始接收来自输入单元的信息并进行整合转换。网络从内隐单元的整合加工中自行获得规则（动词词干+“ed”表示过去发生的动作），并举一反三地推广到新信息的加工过程中。获得规则的网络在后续学习过程中，还可以通过统计分析两个内隐单元的联结权重，对输入语料中的规则与不规则动词进行区分，继而获得不规则动词的加工规律。最后在不断学习过程中对网络规则加以修正，逐步完善。此外，需要强调的是网络本身并没有预设任何规则，动词过去式的形态规则是基于对大量语料数据进行权重统计学习之后自行浮现而出的。这也是联结主义模型极为重要的“浮现特征”。

结合PDP模型再来探讨儿童语言结构习得过程的“U型发展现象”。儿童在学习语言规则的初级阶段，由于语料输入有限，负责表征规则整合信息的内隐单元尚未得到激活。也就是说这一阶段儿童还并未学习到语言规则，只是从整体上对外界输入的语料信息进行简单映射加工，因此错误现象较少，但加工效率较低。而随着语言经验的增加，语料输入量的上升，内隐单元得到激活，语言规则自然浮现。在内隐单元的规则指导下，类推学习现象开始出现，加工效率迅速提高，但同时也会出现“childs”“goed”之类的“过度规则化”现象。

但基于神经生物特性建构而成的PDP模型，表现出了类似于人类智能的灵活性。PDP 模型能够在对新信息进行类推学习的过程中，发现规则之外的特例现象，并通过网络联结对其进行特定表征，从而实现对原有的网络规则进行自我修正与自我适应。

以神经系统的运作机制为基础的联结主义理论自问世以来便备受瞩目，为认知神经科学，心理学，语言学等研究领域提供了新思路。而儿童语言习得与认知发展一直是联结主义理论极为关注的研究问题之一。从联结主义视角出发，尝试对儿童语言结构习得现象背后所隐藏的认知机制进行了探讨。运用联结主义理论能够合理解释语言结构习得过程中普遍出现的"过度规则化"及"U 型发展现象"。且这种联结主义模式不仅体现在语法规则的习得过程中，在语音，语义，语用等儿童语言发展的方方面面均有所体现。但目前基于联结主义理论对儿童的语音发展及语义概念习得的研究还比较少，还有待进一步探索。

第三节　心理语言学

一、心理语言学的性质

广义心理语言学是从心理角度研究语言的一门学科，狭义上是研究语言与大脑的关系，即研究语言行为和行为发生时的心理过程的科学。

由此可见，心理语言学是一门交叉学科，它的研究会对很多学科产生影响，如语言学、心理学、社会学、神经学、教育学、社会语言学、计算机科学等，同时这些学科的研究成果都可应用于心理语言学中。近年来，心理语言学在我国发展的显著特征是心理语言学在外语教学中的广泛运用。

二、心理语言学的研究目标

心理语言学关注的是人们在习得和使用语言时必须具有的潜在知识和能力，这些知识和能力是一种心理过程，只能通过观察、研究一些表面行为进行推断，言语的听和说就是这些表面的行为，即言语行为。我们所说的语言知识是指一个人使用语言的能力，这种语言知识和言语行为属于不同的范畴，通常用语言和言语这两个概念来区分。语言是指语言系统，是一套使用语言的规则，而非行为。言语是每个人讲出来的话。语言和言语的关系密切，不了解语言就无从研究言语，而要研究语言则不能离开言语。心理语言学就是通过对人们言语行为的观察、分析、统计来研究人们在习得和使用语言时具有的知识系统。

这种知识体系源自人们使用母语的能力。有学者指出，语言使用涉及五个方面的知识，前三种知识，即语音、词汇与句法和语言结构有关，后两种知识，即概念知识与信念系统和心理有关。人们在使用语言时是依赖知识分层处理的，语言输入的各个层面上的结构首先是语音。说话人从所储存的知识里提取语音规则来处理语音。所“储存的知识”放在长时记忆里，而“过程”就是短时记忆。由此可见，语言处理和人的记忆密切相关。所以，语言使用的过程是以认知为基础的，研究语言使用的心理过程实际上是研究语言、记忆和认知三者的关系。

三、心理语言学的研究范畴

心理语言学是以语言习得和使用的心理过程为主要研究对象的，心理语言学的研究范畴如表 4-1 所示。

表 4–1 心理语言学的研究范畴

<table>
<tr><td rowspan="21">心理语言学研究范畴</td><td rowspan="5">语言的生理基础</td><td>语言进化论</td></tr>
<tr><td>语言能力的遗传性</td></tr>
<tr><td>大脑和语言</td></tr>
<tr><td>语言和智力</td></tr>
<tr><td>大脑和认知</td></tr>
<tr><td rowspan="2">语言的心理机制</td><td>记忆的功能</td></tr>
<tr><td>记忆的结构</td></tr>
<tr><td rowspan="2">母语习得</td><td>儿童语言习得过程</td></tr>
<tr><td>各种语言习得理论</td></tr>
<tr><td rowspan="7">心理词汇</td><td>心理词汇和书本词典</td></tr>
<tr><td>词汇和意义</td></tr>
<tr><td>词的基本元素</td></tr>
<tr><td>口头词语和视觉词语</td></tr>
<tr><td>心理词汇的研究方法</td></tr>
<tr><td>影响词汇提取的因素</td></tr>
<tr><td>词汇提取模型</td></tr>
<tr><td rowspan="3">言语产生</td><td>言语失误</td></tr>
<tr><td>言语计划</td></tr>
<tr><td>言语产生模型</td></tr>
</table>

续表

心理语言学研究范畴	言语听辨	言语听辨的研究手段
		言语听辨的主要问题
		言语信号
		孤立的语音听辨
		连续性语音的听辨
		言语听辨模型
	句子理解	以句法为中心的语言理解
		语言理解的性质
		句子的即时处理
		语境中的句子理解
		句子的记忆

第四节　社会语言学

一、社会语言学的性质

社会语言学是语言学的分支之一，研究语言和社会的各种关系。社会语言学研究社会集团的语言同一性、社会对语言的态度、语言的标准与非标准形式，使用国语的方式和需要，语言的社会变体和社会层次，多语言现象的社会基础等。

社会语言学联系社会研究语言，语言社会学是联系语言研究社会。二者的区别在于侧重点不同，这就要看研究者对哪一方面感兴趣；二者在研究的内容上很多是重叠的，所以将二者进行详细区分是没有意义的。

二、社会语言学研究传统走向

长期以来社会语言学研究主要由三个子领域组成：语言人类学、语言社会学和变异社会语言学。

语言人类学认为，语言是一种“文化资源”，而说话则是一种“文化实践”。该学科通过记录语言的多样性来研究语境中的语言使用，并借助语言来解决人类学问题。语言人类学研究使我们进一步认识到语言对深入了解文化和社会重要性以及文化和社会事实对理解语言本质的重要性。语言人类学一般采用定性的研究方法（如民族志参与式观察、视听记录、访谈等），观察具有社会和文化意义的言语事件。

语言社会学旨在宏观层面上观察语言和社会的关系，重点关注国家或社会阶层等社会实体中的集体语言行为和语言态度模式。其研究方法具有多样性，如通过普查的方法来描述社会语言的多样性和不平等或通过动态观察的方法研究语言趋同和变化现象。语言社会学的研究主要集中于社会多语现象、语言地位、语言和种族、语言和宗教、语言政策和规划以及世界语言传播等方向。语言社会学的研究焦点是社会组织，并未对语言单位进行详细的描述，相反语言变异的研究焦点则是语言形式本身。

变异社会语言学旨在运用实证和定量的方法研究语言变异和社会因素之间的关系。语言的使用者具有不同的社会属性，导致语言使用者所掌握的语言出现差异。此外，同一个人在不同的社会场合或面对不同的社会交际对象都会使用不同的语言形式，因此，语言是以言语变异的形式存在的，是异质的。但语言系统中的各种变异形式又常常是有规律可循的，是有序的。异质的语言事实中如何能寻找到语言的有序结构？这些异质语言的背后又体现了什么样社会意义和认知意义呢？这些问题共同隶属于社会语言学和认知科学的范畴，可见其本质上就是一个交叉研究领域。

三、社会语言学研究发展趋势

近年来社会语言学领域出现了三个重要的研究转向，分别是：对语言变异中表征意义的深入研究；研究方法与技术的多样化；对新语种及其文化的初步探索。

第一，变异社会语言学与语言人类学的融合使人们更好地理解语言变异、表征意义和身份之间的关系。通过将变异社会语言中定量的方法与语言人类学中民族志（参与式观察）方法相结合，研究者能够将广泛的社会类别（如种族、阶级和性别）与更精细的、局部构建的类别（如当地学校或某一群体的情感网络）相联系，并将视角聚焦在当地的价值观、文化和实践中，以回答个人在社会意义构建过程中所扮演的角色。

第二，实验社会语言学的兴起催生了多样化的社会语言学研究方法与技术。尽管从最早的社会语言学研究开始就使用了实验方法（如主观反应测试、变语配对法或最小配对法），但这些研究很难克服“观察者悖论”（即观察人们在不被观察的情况下是如何说话的）以及在两个研究目的（记录自然言语和尽可能控制言语产生的语境）之间取得平衡。最近，社会语言学研究中实验法越来越普及，实验范式也变得更为多样化。实验社会语言学家们创造性地将各学科研究方法与技术融入社会语言学研究中，如心理语言学（语言启动、眼动）、社会认知（社会启动、内隐联想测验）、语音科学（人工合成语音）和认知神经科学（ERPS，事件相关电位）等领域。此外，计量社会语言学的兴起使得研究者能够对社交媒体上所抓取的大数据进行分析和建模，从而更好地理解语言和社会之间的关系。

第三，社会语言学的研究对象逐渐拓展至以往鲜被研究的世界语种或区域。有学者指出，过去集中于对单语环境下欧洲或北美地区的社会语言学研究正逐渐被更广泛的研究对象所取代，包括多语环境研究、手语研究、濒危语种研究以及对世界其他地理区域的聚焦研究。不难发现，研究者们正逐步将语言和文化多样性融入社会语言学研究之中。

综上所述，“语言”“认知”和“文化”这三个关键词构成了社会语言学发展方向中最为核心的部分。社会语言学与认知科学不同领域的有效结合使得研究者能够更深入地探索同时植根于文化、社会和认知层面的语言现象。结合丰富的认知神经技术手段（如 ERPS，fMRI，MEG 等技术），研究者们能够尝试性地回答带有社会属性的语言在大脑中是如何表征的这一问题，并对现有的认知和语言模型进行相应地完善。

第五节　语言教学

一、语言教学概述

语言教学是一种有目的、有计划、有特定方法的教学活动，使学习者掌握一门具体的语言并且用于交际目的。语言教学是教育工作的重要组成部分。语言教学的任务是培养、提高受教育者的语言能力，包括第一语言和第二语言的教学。第一语言也称母语。在多数情况下，第一语言就是一个人所属民族的民族语言，所以也称本族语。第二语言也称非母语、非本族语，它包括本国内其他民族的民族语和外国语。语言教学要学以致用，用以促学。

语言教育应该以学生为中心，教什么、怎么教、何时教、怎么评，都要根据学生的情况来决定。语言教学一般是以一种阅读材料为主体，加上按照一定方案设计的各种训练材料，由教师按照一定的方法教给学生，学生在教师的帮助下学习。不同的民族、国家，不同的历史时期，由于语言特点不同、社会状况不同、文学和文化背景不同、语言科学和教育科学的发展状况不同、教育政策不同，语言教学的内容和方式方法也有种种不同。

语言教学论是应用语言学最主要的分支，它对于语言教学尤其是外语教学具有十分重要的意义。外语教学的基本原则包括目的性原则、以学生为中心原则、情景与交际性原则等。语言理论与语言教学有着密切的关系。语言理论为制定教学大纲，为教师确定教学原则与教学方法提供理论依据。纵观语言教学史，每次教学目的和教学内容的更新都来源于语言理论研究的突破性进展。教师可以从语言理论中获得语言洞察力，语言理论有助于语言教师根据不同的教学对象，有针对性地确定教学内容和教学重点，高屋建瓴地驾驭教材和教法。

二、语言教学方法

（一）语法翻译法

语法翻译法是指通过翻译来对比母语与英语语音、词汇、语法之间的相同点和不同点，从而实现对英语的恰当掌握和运用。

1. 实施步骤

①复习教室内容。教学活动的内容通常是背诵课文或听写单词。②解释和分析新词。老师首先将新单词的发音教给学生，并要求学生反复朗读。熟悉单词后，老师会解释新单词并介绍其使用规则。③解释课文中的语法规则，让学生进行语法练习以巩固语法。④逐字解释文本，分析章节中的句子并翻译。⑤提出一些问题供学生回答，以检查他们是否掌握了课文内容。⑥简要回顾本课的内容并安排作业。

2. 利弊分析

语法翻译方法在英语课堂中的地位一直非常重要。许多大学教师仍然非常喜欢使用这种教学方法。但是，时代是在不断发展和进步的，这种教学方式，不仅有优点，缺点也逐步显现出来。这种教学方式的优点是，学生能够通过这种方式，对词汇和语法知识有清晰的理解和掌握，对学生在翻译和阅读理解方面的能力的培养有很大作用。但是从另一方面说，这种教学方法也存在自身的不足。这种教学方式在形式上过于单一，对学生来说比较枯燥，学生很容易失去对英语学习的乐趣和热情。此外，这种教学方法没有涉及学生的发音和口语能力，从而导致学生的发音能力和口语能力较差，在交际能力方面，这种培养方式对学生来说是非常不利的。

（二）直接法

直接教学法，是指在教学和学习的过程中，不对母语有依赖，而是在思想的层面上与英语进行直接的链接和构建。这种方法同样是有利也有弊的。

1. 实施步骤

①陈述学习目标，在即将授课的内容中，对学生进行导入，使学生对内容和目标有更加明确的认知和大概的了解。②已经传授过得知识和技能，要及时帮助学生进行复习，从而使学生能够有效和牢固地对内容进行掌握。③对新资料，要及时和全面地进行呈现。使学生的知识系统能够保持更新和发展的状态。④对学生的学习情况进行探测，为学生提供更多的独自练习的机会。⑤及时地给学生反馈。反馈的形式多种多样，可以是对学生在课堂上的表现的回应和评价，也可以通过其他的形式，在课下为学生的表现给出自己的意见和反馈。尤其是对学生的鼓励非常重要，及时的鼓励，可以帮助学生建立自信心，也可以帮助学生提升学习兴趣，还能帮助学生及时发现自己的优势和不足。教师在与学生的互动和交流之中，也能加深对学生学习情况的了解和掌握，进而改进自己的教学方式和教学内容，提升教学效果。

2. 利弊分析

直接教学法也存在明显的优缺点。

首先，侧重于语音教学和口语教学，并掌握了英语教学的精髓，被用来专注于实践和实践。通过让学生在特定的实践中使用语法知识，有助于发挥语法在英语教学中的作用。

其次，直接教学法也有其自身的不足。原因是，直接教学法在处理和理解英语教学中的各种问题时往往趋于单一和简单，因此不足之处也变得显而易见。例如，过分强调外语使用而忽略了母语的含义；过分强调机械模仿和记忆的重要性，而忽略了语法的作用；过分强调直觉式教学，但不适合中高级程度的学生；它针对不同的学生具有不同的英语学习特点；口语和书面语言之间的关系处理不科学，听，说，读，写彼此之间的关系处理不善。

（三）听说法

听说教学法又称为“句型教学法”，是指以句型为中心，对学生外语思维能力进行培养的一种教学方法。

1. 实施步骤

大部分情况下，运用听和说的方法来组织教学主要涉及以下步骤。①使用音频、视频和其他辅助设备向学生介绍背景知识。在听和看时，老师用英语介绍内容。②安排对话活动，可以是师生之间的对话，也可以是学生之间的对话，以便学生可以练习所学到的东西。③给出句子结构，并安排学生不断练习句子结构。④播放多段录音和视频，以使学生记住对话或章节的内容，并最终使他们能够重复或背诵所听到的内容。⑤复习本节中的课程内容并安排作业。

2. 利弊分析

听说教学法在培养学生的应用能力，尤其是口语能力方面起着重要作用，教学法中的句子模式训练法早就已经被广泛采用，对当今的语言教学来说仍具有重要的意义。其次，听力和口语教学方法过分强调训练学生的听力和口语技能。这种机械训练很容易使学生失去主动性和热情。同时，听说能力的培养也使学生放松了读写能力的培养，这不利于学生综合运用能力的培养。

（四）视听法

1. 实施步骤

①上课前，老师要求学生预览本课要教授的知识，并提前将要模拟的案例材料告知学生。②创建一个尽可能接近真实场景的情况，以便学生进入场景后会立即感觉到自己在场景中，并且可以快速进入角色。③分配角色，包括独白和场景中的各种特定角色。④情景模拟，学生对情景进行完整的模拟。⑤模拟后，老师对学生的表现进行评论，充分了解学生的表现，指出学生的表现不合理，并与学生讨论如何做得更好。

2. 利弊分析

这种方法有助于激发学生的积极性和主动性，增强学生的求知欲，加深了学生对课程内容的记忆，鼓励学生发挥想象力，从而增强他们的参与热情，建立学生的主人翁意识，并将英语学习从被动学习转变为主动学习。

三、语言教学的实践应用

（一）交互性语言教学

交互性语言教学通过注重学生的积极参与，一旦学生觉得需要，他们会急于展示自己的能力，积极参与活动，交互性活动对于语言学习的成功是至关重要的。交互式教学法在提高学生的英语能力方面具有独特的优势。既明确了学生的主体地位，又提高了学生在英语课堂上的交际能力，创造了更加生动有趣的环境，促进了学生更好地学习英语。

1. 交互性语言教学的重要性

交互性语言教学是学习者进行多层次、多角度的对话，也是学习者沟通和情感交流的教学活动。该教学模式注重语言应用能力的培养，将语言学习的重点从掌握语言知识转向掌握语言交际能力。学习者也比传统的英语课堂享有更多的自由和广阔的空间。互动性和主动性是交互性语言教学区别于其他教学模式的显著特征。在英语课堂教学中，师生共同创造语言学习的情景和机会，进行大量可理解的语言知识输入，在互动过程中，学生需要用英语思考和处理问题，因此他们会积极调动自己的听说读写能力来完成任务。经过长时间的训练，他们将能够流利地使用英语。

2. 交互性语言教学在英语口语教学中的应用

（1）交互性口语教学活动

①小组活动。小组活动是组织交互性口语教学活动的一种重要方式。教师可以把学生分成几组。在分组时，要充分考虑学生的特点和差异。每一个小组都要选择一名组织能力强英语基础好的学生组长，成为老师和学生之间的桥梁。小组的其他成员也有各自的分工，他们互相合作完成小组的任务。老师要求每个作业换一位演讲者，以便每个小组成员都有机会发言。总之，小组给了学生安全感，给了每一个学生发言和交流的机会，加强了学生之间的沟通和协商，促进了学生的共同发展。

②角色扮演。角色扮演是学生通过扮演英语课堂中的虚拟角色与其他学生互动的一种练习。教师根据教学内容使用教具为学生提供或模拟一个真实的对话场景，让学生扮演其角色，用英语进行交流。通过交流和互动获得语言的应用。角色扮演使英语课堂充满活力，为学生营造良好的互动学习氛围，尽可能贴近实际生活，发挥学生的主动性和创造性。

③课堂游戏。它们不仅适合儿童，也适合青少年甚至成年人。在英语课堂上，适度的英语游戏可以使教学过程生动有趣，游戏可以帮助学生在轻松愉快的氛围中巩固知识，进行有效的语言训练。

（2）交互性口语教学模式

①情景导入。交互性语言教学注重真实的情景活动，激发学生的好奇心和兴趣，促进学生有强烈的动力去积极地学习和探索，从而更好地理解和应用英语知识。情景导入能否激发学生的兴趣，决定了英语课堂的成败。情景导入可以通过视频、图片、互动问答或头脑风暴等方式进行。

②情景发展。有趣的互动任务能激发学生的学习动机。活动主要包括小组

讨论、角色扮演、师生对话和学生对话等。通过小组活动，教师可以让学生讨论和探索英语口语的规律，引导学生完成任务。

③情景应用。这一部分让学生完成角色扮演任务，帮助学生将自己的知识应用到真实的交际环境中。帮助学生进入角色，了解自己的心理和表现形式，教师和学生评价和分析利弊。

④情景拓展。学习英语需要大量的时间，而且上课的时间是有限的。课后巩固训练是对课堂所学知识的有效补充。因此，教师有必要设计作业。根据英语口语课讨论的问题和学生的参与情况，教师可以布置一些与课堂内容相关的有特色的作业，培养和拓展学生的自主学习能力。

要在课堂上开展交互性口语教学，教师和学生的思想、环境、管理等因素都受到制约，所以一个适合的教学和管理系统视为保障条件。首先，实施交互性口语教学要改变教师和学生的观念。教师要加强对现代先进教育理论、教学策略的学习，形成自己科学的教学理念体系，并体现在教学实践中。对于学生来说，学习心态的转变也很重要。学生是教学的主体，必须参与所有的教学活动。第二，激发学生的内在动机。教师不应该孤立地传授某种学习技能，而应该把它们结合起来，注重教学。因此，教师必须把英语口语和听、读写结合起来。不同的互动活动可以激发学生的内在动机，产生更高的学习兴趣。第三，在课堂上，营造轻松愉快的课堂环境。为了达到最好的每堂课的教学效果，教师必须认真、充分的准备。上课前，选择学生熟悉的主题和情况，设计有趣的和合理的互动。最后，教学中的课堂时间非常有限，学生必须有额外的时间进一步巩固课堂知识，增加口语练习的机会，提高自己的交际水平。影响学生交际能力发展的因素很多，也可能受到其他因素的影响，如学生词汇量的增加、基础知识的扩大、智力、个性、性别差异等因素。其影响程度还需要更多的实证研究来验证。总之，交互性英语口语教学模式的研究是一项具有挑战性和必要性的工作。在未来教学中，教育工作者仍需继续探索。

（二）数字游戏语言教学

在人类语言发展的过程中，游戏一直扮演着重要的角色。游戏与正式教育相结合，产生了教育游戏。随着数字时代的到来，数字教育游戏受到教育研究领域的关注。数字游戏日益进入“90后”“00后”学习者的日常生活，但其教育应用却面临一系列挑战，而不同利益群体对数字游戏的技术接受度与使用意向也存在较大的分歧。因此，如何引导数字教育游戏回归教育本质，是游戏支持教育领域面临的重要课题。近十年，在数学、历史、工程学、科学等学科领域，数字游戏的教育功能日益受到关注。基于数字游戏的外语教学实践与研究，最早可以追溯到计算机辅助语言学习发展的早期。只有当游戏的设计在语言形式、语义和语用三个层次均体现语言输入与语言输出时，才能促进语言学习。随着数字游戏技术的成熟和外语教学设计的优化，数字游戏在提升语言学习者的语言综合应用能力加强其语言学习动机与学习投入等方面的优势逐渐显现。数字游戏有助于学习者的语言习得，并有利于学习者调节学习心理、加强综合能力等。将数字游戏融入教育情境，能给语言学习者带来实质性的学习收益。目前，数字游戏应用于语言学习的实证研究还非常有限，现有综述性研究在期刊选择的相关性、权威性以及时间跨度方面存在局限。

1. 数字游戏的教育应用

基于游戏的学习能使学习者的知识、技能得到发展，有利于提升其学习体验。而基于游戏的学习体验有助于提升学习者的学习动机与学习投入，影响学习者的认知和情感。受学习能力动机提升等影响，学习者有望在学业表现方面取得更大的进步。

2. 数字游戏与语言教学

数字游戏为语言学习者构建了身临其境般的虚拟世界，提供了语言交流和跨文化互动的机会。以语言学习为目的而设计的数字游戏可以通过恰当的语言输入、表达、互动和反馈，创造一个有利于语言学习的环境。与其他技术支持的语言学习方式相比，数字游戏因其挑战性、趣味性和互动性，能更有效地激发学习者学习英语的兴趣和内在动机。在二语学习方面，数字游戏为二语学习者提供了开展语言练习的情境与个性化的学习体验，使其在多种社会情景中练习第二语言，增加了语言学习和应用的机会。已有研究发现，数字游戏应用于语言教学有利于提升二语学习者的学习投入，增强词汇使用与跨文化交流等。

数字游戏在其他学科领域的应用已有比较系统的综述性研究，但在外语教学与研究领域的相关研究与实践还很有限。基于数字游戏应用于语言教学的现状，以及教育应用过程中面对的优势与挑战，研究者还需对数字游戏开展系统的综述分析，以更有效地指导教学实践。

3. 数字游戏应用于语言教学的优势

这种语言教学优势可概括为以下五个方面。

①趣味性。数字游戏借助多媒体技术，综合了文字、图像、音效、美术、剧情等元素，具有极强的表现效果，为学习者构建了身临其境般的虚拟世界。丰富的游戏主题和有趣的游戏设计。

②竞技性。游戏提供生动的虚拟情境、统一的竞赛规则、丰富的奖励机制，使语言学习变得紧张、刺激。通过游戏，学习者可以收获学习的愉悦，激发学习积极性，提高语言学习效果。

③参与性。在基于游戏的学习中，学习者有兴趣参与游戏中的语言学习活动，愿意主动接受挑战，积极思考并解决问题。

④可匿名性。学习者以虚拟的身份参与游戏环境，能有效降低外语焦虑，提升表达自信，促进同伴间的交流等。

⑤交互性。高效的人机交互，跨国界、跨文化的实时交互情境，有助于学习者接触传统课堂以外的非正式外语情境，学习地道的语言表达，提升在线协作学习的效果。

4. 数字游戏应用于语言教学的挑战

总结近十年数字游戏应用于语言教学的相关研究，数字游戏支持的语言教学面临两大挑战。

①数字游戏与语言教学深度融合的适切性。如果学习者不适应虚拟的数字游戏情境或此类学习模式，其语言学习效果定会受到影响。有小部分学习者不喜欢教学实验中提供的游戏，更愿意接受面对面的教学。也有部分学习者由于对技术的自我效能感较低，对使用数字游戏开展语言学习存在抵触情绪。

②如何实现语言教学类数字游戏的高效研发。数字游戏企业投入大笔资金用于研发大众化、商业化的数字游戏，这类游戏因突出竞技性、娱乐性与交互性而备受欢迎。与此相反，用于语言教学的数字游戏针对的目标用户比较小众，开发成本高昂且费时费力。由于研发投入不足，整体竞技性与交互性较弱，故无法吸引学习者深度而持续的参与。

第五章　应用语言学的其他领域

神经语言学是一门与心理学、神经分析学、生物学等多种学科相关的交叉学科，是研究语言的重要手段之一。文化语言学也是语言学的一个分支。计算机语言学就是由语言学与计算机共同构成的一门新兴学科。人类语言学是随着西方文化人类学的发展而产生的。语料库语言学有自己独到的理论体系和操作方法。本章分为神经语言学、文化语言学、计算机语言学、人类语言学、语料库语言学五部分。主要内容包括：神经语言学的定义、神经语言学的形成、国内神经语言学发展回顾、文化语言学的定义等方面。

第一节　神经语言学

神经语言学（Neurolinguistics）是运用神经科学和语言学中的一些方法和理论来研究语言的生成机制，对语言的感知、处理和习得等各层次神经系统进行分析。无论从理论还是实践上，神经语言学都对现代语言学有着重要的贡献。

一、神经语言学的定义

在定义这一新兴学科时，世界各地的语言学家提供了定义神经语言学的不同方法。贝鲁布（Berube）指出，神经语言学一方面旨在研究在语言习得过程及语言障碍的临床表现与解剖生理病理学特征之间的相关性，另一方面则主要研究纯粹的语言特征。

安杰依·因普罗塔·弗兰卡在进行有关神经语言学主题的讲座中，给出了另一种定义。她认为神经语言学是认知神经科学的一个分支。神经语言学与许多其他领域，如系统学、运动学、感官学、细胞学等，均为一个更大的学科领域，即神经科学的分支之一。神经语言学的主要研究问题仍然可以分为两个领域：语言习得及加工与语言障碍。由此显然易见，神经语言学是一个同时涉及宏观层面和微观层面的学科。

国内语言学家对神经语言学的定义范畴也有独特的见解。王德春在他的文章中总结道，神经语言学是现代语言学的边缘学科，由语言学、神经科学和心理学的互动和相互促进而形成。值得注意的是，王德春指出，神经语言学并不是简单地将上述三个学科相加，而是意在探索人类大脑如何接收、存储、处理和提取语言信息。神经语言学主要通过神经语言学独有的研究方法来研究负责语言习得、语言应用、语言生成以及语言理解的神经机制和心理机制。

众所周知，人类大脑是经过数万年进化后的产物。对人脑结构和功能的研究，包括语言功能在内，属于自然科学领域；然而，人类也是社会的产物，语言交际活动实际上是一种社会行为。因此，人脑与人类语言关系的研究正处于自然科学与社会科学的交汇点。神经语言学不仅是语言学的一个分支，而且是语言学与神经科学和其他学科的整合产物。

与语言学领域的其他分支学科相比，神经语言学更加注重研究的科学性。神经语言学研究的科学性主要体现在其研究方法的可操作性上。神经语言学领域的研究多通过寻求客观证据来验证其假设或发现。换句话说，它摆脱了旧的研究方法，并以实证法取而代之。因此，从这一层面上而言，神经语言学比其他语言学分支更平添几分科学色彩。

二、神经语言学发展回顾

与西方国家的神经语言学研究相比，国内对神经语言学的研究起步较晚。直到20世纪后期，国内出现了涉及语言和神经机制的相关研究。杨亦鸣等指出，神经病学家和心理学家是最早参与神经语言学研究的人群：前者关注的是人脑与语言障碍之间的关系；后者则对语言加工时的心理机制颇有兴致。

一般来说，在20世纪90年代之前，神经语言学研究的真正焦点并不是揭示影响语言能力的神经机制。换而言之，当时神经语言学在国内并没有成为一门真正独立的学科。20世纪90年代以后，神经语言学研究已经开始在国内语言学领域拥有立足之地。一批语言学家开始研究神经机制，研究问题涉及语法、语义、语音、语用学等语言领域。与此同时，神经语言学的研究方法也更加多样化，涵盖了脑电图、ERP、fMRI（功能磁共振成像）在内的多种先进方法。因此，神经语言学学科已经走向更成熟和独立的水平。

第二节　文化语言学

一、文化语言学的定义

文化以象征作为基础，语言和文字是文化的最重要的表现方式。此外，文化还具有图像表达、肢体表达和行为表达等表达方式。文化体系借助于象征体系深深地根植在人类思维之中，人类也通过象征符号系统解释事物。因此，如何解读各种象征在该文化中的实质意义便成为人类学和语言学等社会学科诠释人类心智的重要方式之一。

语言现象包含文化，文化现象包含语言，二者相互包含。因此，文化语言学应关注文化和语言之间的关系，研究古代语言和古代文化之间的关系，现代语言和现代文化之间的关系等语言和文化在不同历史背景下的关系。

语言是文化的重要组成部分，文化对语言有一定的依赖性，文化的传承需要借助语言。语言是文化交流、思想交流的工具，必定会影响经济、政治和文化本身的发展。语言作为一种文化现象处于不断的发展和变化之中，当今的语言状况是语言在过去的时间内不断发展的成果。在一种语言环境中掌握某种语言后，虽然也可以学会另一种或几种其他语言或方言，可是原语言或方言的口音很难完全改变，总会留下一定程度的原来所操语言的口音。

文化语言学的研究对象是语言和文化之间的关系。它的研究没有局限于语言形式，也通过语言研究文化的发展历史和发展方向。文化语言学的内容包括语言与人性、语言与艺术等方面的关系。

二、文化语言学与其他学科的关系

（一）与社会语言学的关系

文化语言学和社会语言学的区别主要体现在以下几方面。

1. 研究内容不同

文化语言学主要是从文化出发研究宏观视角和微观视角下语言的特点和使用特点；社会语言学的研究主要集中于语言使用规则。

2. 研究问题角度不同

文化语言学往往与其他人文学科交叉，从文化语言学和相邻学科的角度分析问题；社会语言学在研究问题时不借助其他学科的知识解决语言问题，也不研究其他学科的问题。

3. 研究范围不同

文化语言学的研究范围包括当代语言现象，理论语言现象和语言在文化史上的变化；社会语言学的研究范围仅包括当代语言现象。

（二）与人类语言学的关系

民族语言的研究往往会关系到民族文化的研究，词语能够反映文化，地名和翻译能够反映民族迁移轨迹，人名能够反映宗教和信仰，亲属的称呼能够反映婚姻制度，这些可以称为人类语言学。从某种层面上可以将文化语言学等同于当代人类语言学。因此，文化语言学与人类语言学有着紧密的联系，其关注焦点都是人，但有所不同。

文化语言学关注语言本身、语言历史、语言书面形态、语言现状及其形成原因。人类语言学有人类学特点，其研究对象是活的语言。除研究对象不同以外，二者的考察方法也有所不同。人类语言学的主要采用实地考察法；文化语言学采用实地考察法、参照法和认同法等方法。

第三节　计算机语言学

可以说，计算机语言学是时代与科技发展的产物，对语言知识的研究有着重要意义，并且在语言学发展的历程中占据重要地位。

一、计算机语言学的定义

计算机是根据一组存储在内存中的指令处理数据的电子设备，其能在极短的时间里处理复杂的任务。如今，通过一个微处理器，一个有强大功能的集成电路当作中央处理单元，微机的大量使用就成了可能，计算机对个人用户而言已经是唾手可得的东西。当今人类生活在一个充满计算机的社会中，我们使用“计算机操作能力”这一词组时，特指那些可以用计算机并且有大量计算机软件与技巧的人。

人们早就认识到了语言与计算机之间的紧密联系。美国语言学家乔姆斯基（Chomsky）提出的转换生成语法在计算机科学中发挥了巨大作用。人们发现，系统功能语法学家韩礼德（Halliday）的系统网络可以与各种菜单系统相媲美，通过它，用户能选择自己的决策。

二、计算机语言学基础理论

（一）计算机语音学

计算机刚刚诞生时，是没有声音的，于是研究语言的学者们并没有考虑到声音这一问题，但是当音频设备出现后，计算机语言学就有了一个新的研究目标，即要将计算机制造成能像人一样发出自然的声音，能像人一样理解人的语音。

计算机语音学研究的是如何用计算机处理语音信息，其以实现语音的自动识别和合成为目的。语音识别即教会电脑“听话”；语音合成即教会电脑“说话”。将语音识别与合成两种技术结合起来，就能实现人机语音的通信，而不需要敲键盘，就能用语音向电脑发号施令；不用一直盯着屏幕，电脑也能用清晰的语音为使用者提供所需要的信息。

近年来，计算机合成语音技术得到了飞速发展，并取得了巨大成就，其衍生了大量的商业软件，如 Read please。应该说，要实现语音识别是很难的一件事，但是经过设计者的努力最终还是设计出了一些语音识别软件，如 IBM VIA VOICE。虽然对当前来说，这些软件没能得到最充分的使用，但其在计算机语言学的发展历史中留下了辉煌的一笔。

（二）计算机词汇学

要理解某个句子，应该先能熟知其中的词汇，所以计算机要想理解语言就应先分析并理解其中的词汇。计算机词汇学研究的是如何利用计算机处理自然语言的词汇，建立语言词汇库、术语数据库等机器可读词典。

不同的语言可能具有不同的词汇形式。这里重点介绍英汉词汇的形成。

英语的计算机词汇学无须自动分词处理，但其还有一定的缺陷，它的形态变化会影响计算机对不同词缀或词尾的词的同一性识别，因此对英语进行自动词的系统就应涵盖一部词干词典和一套描述词形变化和构词的规则系统。分词研究与词的同一性识别仅仅是计算机词汇学的第一项工作，其重要的工作内容是研究词义系统在计算机中的表示以及词义在句子中是如何确认的。

此外，奥尔尼（Olney）和齐夫（Ziff）从 1966 年到 1968 年在美国系统研制公司提出了“英语词汇的结构调查”计划，并且编制了两部英语机读词典，引发了世界各国编制机读词典的热潮。人们开始认识到，机读词典的规模及词条信息的详尽程度会影响一个语言信息处理系统的质量。

对于汉语而言，书写句子的汉字应该按照句子来连写，词与词之间没有分隔。因此，汉语的计算机词汇学应先处理汉语的分词问题。汉语的自动分词系统中一般都涵盖一个数量庞大的词表，主要用作对词进行自动切分的参照。20世纪80年代，汉语的自动分词研究得以出现，到今天已有30多年的历史，当前一些自动分词软件对分词有了较高的准确率，但仍然做不到完全的正确。

（三）计算机语法学

研究如何利用计算机对自然语言的语法进行分析就是计算机语法学在计算机语言学中，此研究也可以称作“自动语法分析”。

要想理解自然语言中的句子就要先对句子的语法结构进行分析。对计算机来说，其主要是在对词进行辨识的基础上分析句子结构的。当输入句子时，其仅为一个词串，计算机应分析一个词与其前后相邻的词是否能直接组建一个句法结构。如果可以，其结构是怎样的？这种结构又如何进一步与其他相邻的词或词组组成句法结构？如果不可以，其是否要与别的成分组合？如果可以，其要与什么样的句法单位进一步组合？又会组成什么样的结构？要对这些问题进行分析，就要采用不同的策略，即“不同的算法”，如自底向上分析法、广度优先分析法、确定性分析法、非确定性分析法、线图分析法等。提出这些设计与算法的重要依据源于语言学中相关理论，如词汇功能语法、广义短语结构语法、支配和约束理论等。

三、计算机辅助英语教学

（一）计算机辅助教学的特点

基于多媒体和网络技术的计算机辅助教学的特点主要体现在参与、互动、情境、大众信息和共享等许多方面。

1. 计算机辅助教学的实质

计算机辅助教学的实质是以学习为中心的教学。多媒体和网络技术使学习的过程变得丰富而生动，极大地提高了学生的学习兴趣。

2. 充分利用交互式多媒体教学资源

交互式多媒体教科书中使用的技术使学生可以和教科书进行互动。除了与教师交流外，学生还可以借助教科书的配套网络资源进行拓展学习。传统的教科书是静态的，而多媒体课程是动态的，其通过文本、图像、声音和视频等为学生提供知识点，学生可以结合自身特点随时随地进行学习，不必在课堂上进行“一次性”学习。这能够使学生受到多维刺激，扩大他们的认知空间，并为他们自学兴趣的形成和发展提供足够的空间。

3. 网络资源共享提高了学习成效

网络共享技术实现了教学资源的共享。学生可以在网络上搜索并获取各种学习资源，也可以通过互联网与其他学生或教师进行互动交流。这有利于调动学生的学习兴趣、提升学生的学习效果。

（二）计算机技术在英语教学中的应用

高校教学管理包含大量工作，而这些工作与高校发展和学生的成长有着密切的关系。所以高校英语教学管理中添加了计算机互联网技术，大大提高了工作效率，对高校的教学水平产生着极大的影响。

1. 计算机互联网技术对高校考务管理的应用

计算机互联网技术在高校考务管理中得到了应用，使得高校的考务管理得到了提升。英语教师们可以通过计算机试卷题库随机抽取试卷给考生进行考试；学生们能在计算机互联网中可以直接参加考试，结束后计算机能够结合老师们分配的答案给出分数。在使用计算机互联网技术的过程中，一方面节省了传统模式的考试试卷，另一方面节约了人力和时间。当考生考完，很快就能查询到分数以及了解困难知识点。这有助于考生们解决疑问，又节省了人力，老师们可以通过计算机分析考生们的考试成绩，并对考生相关的知识进行掌握情况。老师们在今后的教学方面和讲解方面，可以得到及时调整，提高了高校的工作效率。

2. 计算机技术在高校英语课程安排和教学计划中的应用

在高校制定英语教学计划和课程安排时，合理运用计算机互联网技术。高校里有很多专业和课程，采用计算机互联网技术，确保了各个专业课程的安排能及时完成，对现有的课程进行随时的调整。

除此之外，在选修课程方面学生们也可以根据自身喜好合理选择，并且在校课程方面做到有序进行。计算机互联网技术在教学改革和订购教材的环节也起着极大的影响。

3. 计算机技术在高校英语成绩管理中的应用

高校的专业课程较多，在进行管理的过程中使用传统的人工及储存方法，不仅浪费大量人力还有财力，降低了高校的英语教学管理效率，还会存在许多缺点。因此，在高校管理教学当中使用计算机互联网技术，可以在高校的成绩管理系统中对学生们的考核成绩进行储存，还会保存平常的表现内容。这样可以让学生们快速查询自己的各科成绩，还能及时查看到年级的平均水平和平均成绩。使用计算机网络技术，大大提高了学校成绩管理效率，也为工作者们提供了便利。

4. 计算机互联网技术在高校日常英语教学中应用

日常教学管理是高校的重要环节。现阶段，各大高校日常管理包括教师教学规范的标准化管理。首先，英语教师们在运用计算机互联网技术进行教学时拥有了能够自由利用时间的权利。除了上课时间，下课后学生也可以在日常教学管理系统中搜索课程并安排自身的学习时间。计算机互联网技术能够为教师的教学提供更现代化的交流模式，从而保证教师与学生的距离被逐渐拉近，让教师能够更好地进行课程安排。教师可以在教学中结合计算机互联网技术，在给学生们上课的时候采取更加生动有趣的教学方式，提高学生们的学习积极性。

除此以外，计算机互联网技术在高校日常英语教学过程中，能够帮助学生在家里完成相关作业内容，还能够接收课程相关信息，从而使学生与教师保持沟通。这样一来，在避免资源浪费的同时，教师的工作压力会得到一定的缓解。教师根据学生自身的特点，制定适合学生的教学方案或是进行课程调整，对其学习具有一定的促进作用。计算机互联网技术在高校的应用能够进一步提升多媒体教室设备的应用水平，帮助学生从多样化的学习资源中筛选出最为适合的教学方法，从而帮助学生进行知识的内化。如此一来，对于教师而言，基于互联网技术的教学模式可以让英语教学变得更加简单、高效，对于学生而言，互联网技术的应用可以使日常的英语学习变得更加快捷方便，拉近与教师之间的距离，时刻与教师保持沟通。

（三）计算机技术在英语教学中的重要性

随着我国经济社会的发展，对人才的要求也变得更加苛刻。高校要想培养出能够适用于激烈市场竞争的优质人才，就需要加大对于人才的培养力度。在这个信息化的时代，高校使用传统的教学管理模式是很难立足的，而且培养出的人才也很难在社会中被用人单位重视。所以应在高校教学改革中不断调整，结合时代特点积极调整教学策略，在满足学生个性化发展需要的同时，培养出更多适用于现代化的信息人才。计算机互联网技术的应用在很大程度上改变了高校教学方法的形式，帮助我国的高校英语教学迈上了新的台阶。

除此之外，计算机互联网技术还可以满足大数据信息搜索和处理的要求。在高校内部教学管理及时进行了创新，一方面是为了进一步满足高校教学管理的需要；另一方面应用计算机互联网技术不仅提高了高校教学管理质量，而且还可以缓解教师们的工作压力，对传统教学管理方法中的缺点进行了弥补，促进了高校教育事业的快速发展。

（四）计算机辅助英语教学的建议

1. 突破重点和难点

大学英语包含许多重要的知识点，而由于大学生的能力参差不齐，且缺乏正确的学习方法，所以他们在学习过程中会遇到很多困难。比如，许多学生经常会采用机械式 的记忆方式学习词汇，这种记忆方式不仅不利于他们记牢单词，而且还会降低他们的学习效率，最终导致他们逐渐失去对英语的学习兴趣。英语教师要充分发挥计算机的相应功能，比如，可采用相关技术对词汇进行拆分，使学生能够了解不同词汇之间的关系，从而帮助他们更轻松地记忆单词。教师也可为学生播放包含本节课词汇的相关英语文章音频，帮助学生一边纠正发音，一边记忆单词。当词汇被放在句子中时，其便不再孤立，学生在学习这些词汇时也会采用迁移联想的方式。

2. 营造良好的语言环境

在开展大学英语教学时，教师要考虑到不能仅仅为学生讲解课本中的内容，如果缺乏良好的英语学习环境，学生就很难真正理解和掌握知识。现阶段，大部分学生所学习的英语知识比较浅显，他们缺乏恰到好处的语言训练环境，加之其对西方文化了解有限，教师很难保证其掌握扎实的英语技能。

比如，学生在进行英语翻译时，如果不了解西方文化和东方文化的差异，就会出现翻译错误的情况。教师要充分发挥计算机的作用，为学生营造完善的英语学习环境，使学生能够在潜移默化中锻炼英语应用能力，从而提高其综合素质和英语应用能力。为了发挥计算机的辅助作用，教师要通过计算机为学生展示生动有趣的视频，并搭配纯正的英语发音，吸引学生的注意力，从而在潜移默化中调动学生的主观能动性。由于学生很容易陷入枯燥乏味的学习状态之中，所以教师要为学生展示具有一定故事情节的视频，以便在激发学习兴趣的同时，使学生了解到中西方在表达方式上的差异，并对各自文化有进一步了解，理性认识中西方文化的差异，从而使学生能够准确进行英语翻译和英语表达。

3. 转变传统的教学模式

将计算机技术与互联网技术相结合，有利于转变传统的大学英语教学模式，帮助学生随时随地进行学习，使其不再受到课堂的限制。计算机技术能够为学生营造开放的学习环境，也可以保证师生随时随地在线进行沟通。教师通过利用多媒体教学技术，可及时进行备课，进一步完善教学内容，或通过线上制作课件的方式，将知识点进行融合与归纳。这有利于提高教学效率、提升教学效果。

比如，教师可以利用网络上的优秀教学资源调动学生学习的积极性。教师要将学生视作教学的主体，避免学生被动听课，要引导学生主动参与课堂活动，跟随教师的步伐，驰骋在英语的海洋之中，在潜移默化中掌握知识。教师要从多个方面入手，对学生进行全方位的培养，同时要注意激发学生的兴趣，只有这样才能提高大学英语教学质量。

第四节　人类语言学

一、人类语言学的性质

西方人类学直接来源于对美国土著印第安人语言和文化的研究。1911 年，人类学家鲍阿斯出版的《美国印第安语言手册》第一卷成为现代人类语言学的第一里程碑。

二、人类语言学的研究对象

人类语言学研究不仅涉及一些重要的人文学科，如语言学、文化学、社会学、心理学、跨文化交际学，还涉及语言的起源与发展、语言的习得、语言的描写、语言的比较、方言学等一些语言学的重要领域。人类语言学的研究突破了纯语言形式研究模式的束缚，将语言置于人类赖以生存的文化环境中加以研究，这显著拓宽了语言学研究的空间。

海姆斯指出，人类语言学的主要研究内容是人类学环境中的言语或语言，具体包含以下几个方面。

①评价各种语言的异同。

②民族词语与其他兴趣领域之间的关系。

③语言模式对一个民族基本观念的认识。

④介入人与人之间相互作用的话语规范。

⑤戏剧和艺术动机如何以言语表现。

⑥言语层次间或变体间的关系，社区各种类型及其界限。

⑦语言间类同点的归纳和界定方式。

近年来，人类语言学研究的重点有所转移，主要倾向以下几个方面。

①欧洲语言的混杂语言，如洋泾浜英语、克里奥尔法语等。

②语言的社会变体。对其进行研究有助于了解语言在移植到新的环境过程中的演变和促进演变的各种文化因素。

③对话语模式和体态的微型分析。

④语言间的异同及其社会文化根源。

李如龙指出，人类语言学主要有六个研究论题：语言起源、语言与思维人类群体和语言社区之间的关系、从不同语言的借用看民族间的接触、从语言材料看人社会的发展、语言与精神文化的关系。

钱理群也对人类语言学研究的问题进行了系统探讨，具体包含以下几个方面。

①在研究人和语言时首先要面对语言起源问题。人类语言学如果能够与生理语言学、体质人类学等结合起来研究，或许能够解决语言起源的问题。

②就某种意义而言，一个民族的语言就是一个民族的历史，因此人类语言学就是将语言当作一种文化构成的现象，并重点探讨语言与人类历史社会和民族的关系。人类语言学最为关心的问题就是语言与人类生成的一切关系。

③人类语言学也十分关注语言与思维的关系。语言与思维的共同规律，这些规律与语言规律的关系，人类演化过程中思维规律和语言规律的发展过程等都是人类语言学研究的内容。

④人类语言学注重对词义的研究。对同义词、多义词、词义的延伸等词义形式进行研究有助于加深对语言背后民族文化的了解。

⑤人类语言学还研究人类群体和语言社团之间的关系，这有助于了解各民族的发展过程。

⑥人类语言学家非常关注民族语言之间的相互潜用和相互渗透，并对其进行了深入细致的观察和研究。

⑦社会人类学家还通过对语言中的语音、语感、语义等问题来研究不同社会民族的文化。

可以看出，人类语言学的研究视野十分广阔，而且所取得的研究成果也十分丰硕，对社会科学的发展起到了重要的推动作用。

三、人类语言学与相邻学科的关系

人类语言学是一门交叉学科，其与人类学、语言学、文化语言学、社会语言学等有着密切的联系。以下就对它们之间的关系进行说明。

（一）人类语言学与人类学

人类学是用历史的眼光来研究人类以及人类文化的科学，包括人类的起源、物质生活、社会结构、心灵反应等。人类学是从生物和文化的角度对人类进行全面的研究。19世纪之前，“人类学”一词的用法相当于现在的体质人类学，尤其是对人体解剖学和生理学的研究。19世纪中期以后，人类学发展成为主要发掘人类社会原生形态的一门学科。

人类语言学与人类学具有不同的性质但又密切相关的学科。人类学方面需要以语言为工具进行田野调查，另一方面需将语言作为人类重要的文化形态来研究。人类学从语言学领域获取研究的资料、理论、观点和方法。人类语言学则充分发挥本学科的研究特长，通过研究语言或借助语言学成果，达到深化认识人类文化的目的。

（二）人类语言学与语言学

人类语言学是在语言学的基础上研究人类学，其产生和发展都离不开语言学。人类语言学自身并没有一套完整的研究语言的方法，所以研究的很多方面都是以语言学的方法为基础。但从语言研究的角度而言，人类语言学与语言学又有不同。语言学主要研究语言的内部结构，如语音、词汇语法和语言的发展规律等，从而揭示语言事实。人类语言学则是站在另一个角度，将语言学看作一种文化现象，侧重探讨语言对历史、文化、社会、民族等的作用。

（三）人类语言学与社会语言学

社会语言学是运用语言学和社会学等学科理论和方法，从不同的社会科学角度去研究语言的社会本质和差异的一门交叉学科。人类语言学与社会语言学既有紧密的联系，也有区别之处。二者最显著的区别在于研究的侧重点不同，社会语言学主要研究社会人群的语言，将语言的变异与社会特征进行量化研究；人类语言学主要研究的是语言与文化、习俗的关系，倾向于质化的方法深入到某个国家和民族文化中客观观察语言在具体文化语境中的使用情况。由此可以看出，人类语言学与社会语言学在研究范围上有重合之处。

第五节　语料库语言学

一、语料库语言学的由来和发展

语料库语言学作为一种研究语言的方法，可追溯到20世纪，甚至更为久远，现在以乔姆斯基转换生成语法的兴衰时间（1957—1965年）为参照。乔姆斯基认为，语料从本质上看只是外在化的话语的汇集，基于语料的研究所建立的经验模式充其量只能对语言能力做出部分解释，因而语料不是语言学家从事语言研究的得力工具，另外，英语短语结构的递归性表明，作为语料基本单位的句子的无限性决定了语料永远是不完整、不充分的。以乔姆斯基为首的转换生成语法学派的各种批评从根本上改变了 20 世纪 50 年代结构主义语言学的研究方向。

利用真实的语言资料研究语言一直是语言学的传统。《牛津英语大辞典》的编纂者默里（Murray）和《现代英语语法》的作者——著名语言学家叶斯柏森（Jesperson）都曾以很原始的方法认真积累真实的语言素材，并且以这些素材为基础来发现规律和解释语言现象。他们还将素材作为例子在各自的著作中加以引用。但是，到了 20 世纪 50 年代后期，随着乔姆斯基（Chomsky）生成语法学派的兴起，基于语料的语言描述方法遭到批评。生成语法学派指责语料有局限性，乔姆斯基曾批评说："任何自然语言的语料都是偏颇的。有些句子显然是不会出现的；另外一些句子是假的，不会出现；还有一些句子是不礼貌的，也不会出现。"他们认为语料不过是语言行为（ performance）的取样，与人们的语言能力（competence）完全是两回事。因此，分析真实语篇对解释语言的语法不可能起任何作用，更不用说形成一种普遍的语言学理论。到了 60 年代初，人们对真实的语言素材兴趣降到了最低点，而语言学家由语感（intuition）或诱发（elicitation）所得到的语言使用例子成了语言学研究的主要数据来源。

尽管如此，新一代语料语言学的奠基人不畏他人的批评，开始了自己的工作。1959 年， Quirk 宣布要搜集大量不同文体的英语素材，建立英国英语口语和书面语语料库，即后来的 SEU 语料库，作为系统描述英语口语和书面语的根据。1961 年，弗朗西斯（francis）和库切拉（Kucera）在美国 Brown University（布朗大学）建立起 Brown（布朗）语料库，其中的语篇取自 1961 年美国英语出版物，词数超 100 万个。这是世界上第一个机器可读（machine-readable）语料库。1970 年， Lancaster 在英国开始了一项与 Brown 语料库结构基本相同的英国英语语料库工程。但是，由于缺少经费，该工程迟迟不能完成。后来在挪威同行的帮助下于 1978 年该工程完成，称为 LOB 语料库。这个语料库中的英国英语书面语和 Brown 语料库中的美国英语书面语为这两大方言的对比研究提供了多方面的依据。1975 年，在瑞典隆德大学的 Svartvik 主持下，开始对 SEU 语料库中的口语部分进行改造，使其成为机器可读形式。这项工作的成果是诞生了 LLC 语料库。20 世纪 90 年代以前，这个语料库一直是研究英语口语的最好资料来源。

进入20世纪80年代以后，随着计算机技术的发展和普及，语料库语言学的发展加快了步伐。许多新的语料库相继建成，对语料的处理也由较为简单的机器可读形式发展到人工或自动词性附码（tagging）和句法分析（parsing）的注释（annotated）形式。利用语料对语言进行研究的成果不断出现。很多成果已被用于辞典编纂和语言教学等实际工作，例如，1980年由辛克莱（Sinclair）主持的语料库工程，即COBUILD计划（Collins Birmingham University International Language Database）。这是Collins出版公司与University of Birmingham（伯明翰大学）的一项合作计划。他们搜集了大量的现代英语口语和书面语素材，逐一分析每个单词的词汇、语法、语义、语体和语用特点，并将这些资料输入计算机数据库中。根据这个数据库中资料，陆续出版了一系列COBUILD词典和语法等工具书。这些书中的例句取自真实的语言素材，词典中词的释义排列顺序由语料库中得出的统计结果来决定，更加客观地反映了英语的使用情况。此外，词的释义方法更利于英语学习和教学。因此，这些书一出版就受到语言学界和语言教师及学生的欢迎。

30多年来，在致力于现代语料库语言学研究的语言学家坚持不懈的努力下，现代语料库语言学逐渐得到发展。建立语料库和进行语言研究的手段不断得到完善。计算机运算速度的提高、光学扫描仪CD-ROM（光盘只读存储器）等技术的发展、存储器成本的降低以及以软盘或CD-ROM形式提供的商品化语料库及其配套软件，不但使大批量的数据处理成为可能，而且使以前只能在大型（mainframe）计算机上运行的语料库在微机上也能运行。越来越多的人开始参与基于语料的语言学研究，新的研究成果的不断出现改变了人们对语言研究的固有观念和研究模式。1991年8月，在斯德哥尔摩召开的诺贝尔语料库语言学研讨会（nobel symposium on corpus linguistics）上，语言学家们在认真总结和评估了这方面的研究成果之后得出的结论是语料库语言学“正在成为一个独立的学科”，而且发展前景相当广阔。正如著名的语言学家利奇（Leech）所说：“那些搞计算机语料工作的人忽然发现自己置身于一个越来越广阔的世界里。多年来，语料库语言学只是少数几个人梦寐以求的愿望，他们得不到语言学或计算机科学的承认。现在情况正在发生很大的变化，而巨人们要求将来发生更大的变化。”

二、语料库的含义与功能

（一）语料库的含义

随着科学技术的发展，计算机使语言研究更具规范性和科学性，成为语言研究的重要工具。

语料库（Corpus）是计算机应用于语言领域的一种形式，一般是指收集用来服务于语言研究，借助电子形式保存的研究材料，内容多为书面语样本和口语样本。近年来，语料库的建设已经得到普及，语料库的容量和涵盖的范围正在扩展，并在多个语言领域都得到了应用，在语言研究、词典编纂和语言教学等方面发挥着重要作用。研究材料选择得当并形成一定规模的语料库具有反映并记录语言使用情况的作用。借助于语料库，能够掌握语言事实，对语言系统的规律进行分析和研究。语料库可以帮助使用者查出特定词语和语法结构的数量与分布，分析它们之间的联结模式（Association Patterns）。

语料库语言学（Corpus Linguistics）是基于语言运用的实例的语言研究，可以对自然语言进行语法和句法分析，而且能够分析它和其他语言之间的关系。语料库语言学以真实语言使用过程中的语言事实为证据，采用定量与定性结合的方法，对语言、语言交际及语言学习的行为规律进行多层面、全方位的研究。语料库语言学与计算机语言学、自然语言处理、计算机科学等学科有密切的联系，在各自的发展过程中相互影响、相互促进。随着语料库语言学应用的普及，其应用范围将覆盖语言分析、词典编撰到人工智能等领域。语料库语言学有自己独到的理论体系和操作方法。别的语言学科大都是研究有关领域与语言之间的关系，例如社会语言学研究的是社会与语言的关系，而语料库语言学以语料库为手段来研究语言。

由于语料库语言学立足于大量真实的语言数据，语料库系统是基于大量的观察和总结而获得的结论，因此在语言理论建设中具有重要作用。语料库语言学的研究素材主要是真实文本，是采用概率统计的方法获得的结论。语料库建设的初期阶段仅具有分析词的功能，后来具有了标注词的语法属性的功能。现阶段，语言学家开始关注对语料库进行不同层次的标注。

语料库与信息处理之间的联系十分紧密。过去一段时间内，研究自然语言理解和翻译器时主要使用基于规则的方法对语言进行分析，但计算机难以分析不被规则所涵盖或不能被规则表达的语言事实。在建立语料库后，可以借助于语料库大范围地调查和统计自然语言，研究统计基础上的语言处理技术，在信息检索、信息抽取等方面取得了一定的研究成果。语料库的建设依赖于语言信息处理技术的技术支撑，语言信息处理技术在字符编码、语料的统计和检索等方面语料库的建设提供了支持。

（二）语料库的功能

语料库的功能与语料的分布、语料库的规模和语料的加工程度这三项因素有关。其中，语料的分布影响语料库的统计结果的适用范围；语料库的规模主要是影响语料库的统计数据的可靠性；语料加工程度主要对语料库能够提供何种语言学信息产生影响。加工语料的主要工作分为两种，一种是文本格式处理，另一种是文本描述。文本格式处理是指整理采集到的语料文本，将其保存为相同的电子文本格式。文本描述是指对语料样本的属性进行描述，包括篇头描述和篇体描述。篇头描述是指对语料样本的语体、语料样本的作者和语料样本的来源等属性进行说明。篇体描述是指将语言学属性标记添加到文本当中。通常情况下，汉语书面语语料库的语言学属性标记是词语切分标记、专有名词标记等。通常的汉语书面语语料加工顺序是词语切分、词性标注到语法、语义属性标注。标注信息越多则代表语料加工程度越深。

语料库方法是语言研究方法中的一种方法。它能为研究者提供丰富的自然语言材料，对于研究者得到客观的、可观测的和可验证的结论有促进作用。在电子计算机技术的推动下，语料库方法影响到了语言研究的诸多领域。近年来，服务于不同目的的语料库纷纷建立，在词汇、语言教学等方面得到了广泛应用。

现阶段语料库在词汇学、语法学和历史语言学等领域的研究上的作用表现为借助语料检索和频率统计帮助研究者掌握语言事实，探究语言规律。这只是语言研究的一种辅助手段。语料库方法的进步和发展会使这种辅助手段成为主要手段。语料库可以对指定的语法现象进行量化并检验语言理论。

在应用语言学中，语料库的发展对词典编纂和语言教学产生了积极影响。词典中的释义、属性标注等内容的编写会用到语料库收集词语数据的功能。通过容量足够大的语料库能对各类研究结果进行检验。语料库的基本功能是字词的索引查询功能、词表功能及主题词功能。小规模的语料文本可以分析具体的语言现象，大规模的语料文本可以研究各种趋势。语料库在口语研究方面提供了不同身份、不同场合的口头用语。它提供的是真实话语而不是人工条件下所产生的材料，这样就保证了语料库所提供的语言现象是真实生活中存在的，保证了语言研究的客观性。

（三）语料库的建设

语料库建设包括以上语料加工工作和双语语料对齐。语料对齐可分为不同的层次，包括词语、句子和段落等。使用计算机程序自动对齐时，需要解决各个层次出现的问题。现阶段双语自动对齐技术的研究内容集中于句子和句子结构。研究方法有三种，分别是基于长度的方法、基于词典的方法和两种方法的组合方法。

经过词语切分处理和词性标注的熟语料库具有多种功能，包括检索生语料的功能、根据关键字或限制条件进行检索的功能、将检索结构或统计结果排序后提供给使用者的功能。不同的使用者在检索语料时有不同的目的，一些使用者是为了解决词汇问题，一些使用者是为了了解语法现象。因此，检索系统应具备多种语言学观点，以服务于各种检索目的。

第六章　应用语言学在英语知识教学中的应用

应用语言学在现代的社会中得到了广泛的使用，尤其是在英语教学中，当前是经济全球化发展的重要阶段，英语有着重要的意义。所以在英语教师中，使用应用语言学，可以有效提升学生对英语的认知能力和掌握能力，帮助学生可以更加简单的学习英语，所以在目前的英语教学中，教师需要关注学生的应用语言学教学，借助应用语言学的知识，提升整体的英语教学效果。本章分为应用语言学在英语词汇教学中的应用、应用语言学在英语语法教学中的应用两部分。主要内容包括：大学英语词汇教学简述、应用语言学在大学英语词汇教学中的应用、大学英语词汇教学的策略、大学英语语法教学的重要性分析等方面。

第一节　应用语言学在英语词汇教学中的应用

一、大学英语词汇教学简述

（一）大学英语词汇教学的现状

1. 词汇教学缺乏系统性

熟练掌握词汇的特点和规律性是学习词汇最有效的方法。但是，我国的英语教材并没有按照词汇的形成等规律，导致学生在词汇形成于记忆的过程中出现了许多问题，因此在词汇教学过程中要求教师必须对英语词汇进行系统的总结，从而帮助学生更好的内化词汇。

目前，我国英语教师很难做到这一点，现阶段的英语词汇教学通常是按照教材中的安排逐步推进的。这种教学方式导致学生对英语词汇的记忆十分不牢靠，往往学习了新词就忘了旧汇，导致其学习能力无法得到有效的提升。主要表现在以下几个方面。

①学生学习英语的自信心不足，面对庞大的词汇量，大多数学生会下意识的认为自己无法在有限的时间内全部记住，从而产生了很大的学习压力，导致其对英语词汇的学习存在着恐惧心理。

②在词汇学习中，大部分学生没有重视词汇与听说读写等学习方法的结合，仅仅是孤立地记单词，导致收效甚微。

③学生在学习词汇时通常会将词汇的音、形、意分开记忆，没有采用科学的记忆方法，在记忆词汇的过程中经常死记硬背，没有对词的构成进行细致、深入的分析。

④大部分学生的英语语音基础不牢固，导致其学习与记忆词汇时很难利用语音知识进行单词拼读。

2. 词汇教学内容过于单一

近年来，在我国大学英语词汇教学中，词汇教学内容过于单一是导致教学效果较低的主要原因之一。在词汇教学过程中，教师往往将教学的重点放在单词的意义上，对输出、听力、语境、语音、语法、单词的重视度不够，导致其往往会忽视单词所使用的具体语言环境。除此之外，由于课堂的教学时间非常有限，导致其无法向学生传授更多的词汇知识。

由此可知，词汇教学不能仅仅局限于其意义的教学，还必须重视听力和口语等方面。通过教学活动使学习者可以表达自己的想法是英语教学的主要目的，因此实现各个方面教学的有机结合才能有效提高英语能力，例如阅读、口语、听力等。

①阅读。主要体现了学习者对词汇的理解能力，它不仅能使学习者在阅读的过程中掌握更多的词汇量，还能帮助学习者通过联系上下文对单词的含义进行记忆。

②口语。主要体现了学习者对词汇的掌握水平，它不仅能提高学生各个方面知识的综合掌握能力，例如语境、语法、词汇等，还能帮助学生组织合适的语言输出。

③听力。在听力过程中，会出现许多的词汇，能有效地增加学习者的词汇量，并帮助其巩固已经记忆的词汇。

3. 忽视训练学生的思维能力

教师在进行词汇教学时，必须要重视强化学生的思维能力。一般情况下，为达到强化学生思维能力的目的，教师往往通过结合语境或融入词汇的背景知识进行词汇教学。现阶段的课堂词汇教学偏重控制性、机械性的强化记忆类型的联系，而忽视对学生交流和表达的训练，导致学生较少利用在生活中经常使用的各种语言材料进行词汇运用练习。这种类型的教学模式通常会使学生感到词汇学习等同于机械记忆，与词汇的实际应用关联甚微，长时间下去，学生就会对词汇学习产生厌烦感。并且，教师在讲解词汇时往往忽视文化背景知识的融入，缺少对词汇的文化辨析，其实文化辨析是词汇教学的一个重要组成部分。英汉两种语言反映着两种不同文化内涵，有同有异。教师应该在词汇教学中向学生介绍不同文化对词汇的影响。缺乏文化对比会对语言的习得产生直接影响，甚至造成理解上的误导。

（二）大学英语词汇教学出现问题的原因

由于缺乏地道的英语语言环境，学生很难真实感受西方文化的熏陶，尽管教师在尽力讲授词汇，学生也努力记忆和积累词汇，但由于教学方法的局限性，学习方法的不恰当，当代大学生的英语词汇掌握情况仍然不理想。

1. 教学方面

随着大学英语教学的不断改革与推进，大多数教师开始关注学生英语综合素质的培养与提高，但在英语词汇教学的过程中，其仍旧欠缺先进的教学理念，也容易忽视语篇的衔接性与连贯性。有些教师虽然意识到词汇教学的重要意义，但因为对词汇教学法学习与掌握得不够深入，教学方法不当，仅仅领读单词并简单讲解意思。也有些教师认为，词汇教学只是促进学生单词量的积累与增加，不重视探讨学生的学习目的与习得方法，不引导学生进行深入理解与体验，导致学生的学习热情下降，不利于英语教学效果的提升。

2. 学习方面

由于大学英语课程教学不像专业课那样，贯穿于大学四年的学习中，改革后的大学英语四、六级考试也没有单纯考词汇的题型，所以，学生容易忽视词汇的搭配和用法，更忽视主动探究词汇蕴含的文化差异。很多学生受母语词汇系统的干扰，缺乏行之有效的词汇学习策略，过度依赖课堂与学习软件，不注重及时复习强化，机械地记忆并突击背单词，而不去深入研究词汇的构词知识及扩词技巧，片面关注词汇数量，而不去努力提升词汇质量，从而降低了学习效能，阻碍了深入分析及拓展词汇能力的提升。部分学生只是临时记忆，很难实现学习词汇的目标。

（三）大学英语词汇教学的内容

1. 词汇意义

对单词意义的理解可以分为以下两个方面。

（1）理解词汇的本义和转义

词汇的本义主要是指一个词形成时人们赋予它的含义，又可以称为中心意义、所指意义和词典意义。词汇作为人类语言交流的基础，一般情况下不会发生变化，例如，单词 bird（鸟）。但是，许多英汉词由于中西文化差异也存在不对等的情况，例如汉语中有严格的辈分区别，例如舅舅、姑父、叔叔、伯伯等，但在英美国家则统一称呼为 uncle。词汇的转义则是指一个词的内涵意义，也可以称为隐含意义。

由此可知，结合词汇具体的语境是确定词汇内涵意义的关键。除此之外。还应对其文化背景予以考虑，以单词 dog（狗）为例，在西方文化中，人们认为狗是人类最友好的朋友，例如 top dog（优胜者，胜利的一方）、big dog（要人，保镖）；而在汉语中由于一部分人厌恶狗，因此其含有贬义，例如狗东西、狗腿子等贬义词语。

（2）理解该词语与其他词之间的意义关系

这种意义关系包括上下义关系、反义关系和同义关系等。上下义关系是指英语中一些词的类型、特征、性质、意义均下属于某个表示较大范畴的词，例如 flower 作为上义词，carnation、tulip、rose 均为 flower 的下义词；反义关系是指词与词之间相反的语义关系，例如 come—go、up—down 等；同义关系是指多个词在词义之间存在相同的关系，例如 fall out 与 quarrel（吵架）、give up 与 abandon，cease（放弃）、warlike 与 bellicose（好战的）等。

2. 词汇信息

主要是指词缀、词性、发音、拼写等方面的信息。读音和拼写是不同词汇之间互相区别的第一要素，也是词汇存在的基础。词汇的发音是学习词汇的第一步，它既属于词汇教学的范畴，又属于语音教学的范畴。在实际的词汇教学过程中，教师应重视词汇音与形的结合，帮助学生形成见形知音的能力。例如单词 maths，教师应在传授学生其发音和拼写之后，通过联系 black、stand、bag 等单词，加深学生记忆。

可以将英语词缀分为两种，即前缀和后缀。一般情况下，前缀可以改变词汇的词义，而后缀则在保留词汇词义的前提下，只改变词性。例如 -bility 表示动作、性质，状态，pre- 表示在前、在前面等。

3. 词汇用法

主要是指语域、习语、短语、搭配等各类词的不同用法。在英语教学中，词汇搭配是一个十分关键的内容。词汇的选择与语境必须在某一个特定的语境中相适应，例如 suggest、consider、permit、allow 等动词后不能接不定式，只接名词；conclusion 应该与 come to 搭配、decision 应该与动词 make 或 take 搭配等。由此可知，一些固定搭配不可以混用，例如 go to bed、go to school 不可说成 go to home。

从语域的角度来看，词汇具有抽象与具体、褒义与贬义和正式与非正式的区别。例如，children 为中性词、kids 用于非正式场合、offspring 则用于正式场合等。

4. 词汇策略

词汇策略可以划分为活动策略、记忆策略、资源策略、调控策略、认知策略五种类型。

①活动策略。主要是指通过课堂上组织与他人沟通、写信、讲故事等方式运用词汇。

②记忆策略。主要是指利用分类、上下文、构词法等方式帮助学习者记忆词汇的策略。

③资源策略。主要是指通过广告、字典、网络等方式接触新词，不断增加词汇量。

④调控策略。主要是指对整个词汇学习进行计划、实施、反思、评价和调整，以及资源的使用与监控等。

⑤认知策略。主要是指采取记笔记、利用上下文、猜测词义等方法完成具体的学习任务。

（四）大学英语词汇教学的原则

1. 反馈原则

为了更好地了解学生对词汇的掌握情况，需要教师加强对单词训练的检查和评估。

①必须根据学生的实际掌握情况设计教学活动。

②尽可能采用自评的方式。

③评估应及时。

④进行评估时，既要对学生重视学生的学习策略，又要注重其学习效果。

⑤方式要富于变化且得当。

2. 直观性原则

直观性原则主要是指在大学英语词汇教学中应借助于课件、幻灯片、图片、实物、图画等多样化的、直观性的辅助手段。这些辅助手段往往能够形象、直观地展示词汇意义，有利于学生进行联想，提高学生词汇学习和记忆的效果。这种方式能有效加深其对词汇的印象，同时还能激发学生的积极性。

3. 前卫性原则

大学生随着数字化、信息化的发展，逐渐呈现出思维开放、想法前卫等特点。因此学生词汇学习也应与时俱进，坚持前卫性的原则。在当前大数据时代的背景下，词汇的学习应注意融入前卫的表述，使学生在学习词汇时感受到语言的鲜活性。例如 talk show（脱口秀）、saloon（沙龙）、shock（休克）、party（派对）、punk（朋克）等。

4. 学以致用原则

学以致用原则是在大学英语词汇教学过程中帮助学生理解并掌握所学词汇最有效的原则之一，它不仅便于创设出多种多样的情境，而且还能在运用过程中不断深化学生对词汇的理解和记忆。

①探寻符合自身情况的词汇练习节奏。

②教师应鼓励学生建立自己的词汇联想机制。

③教师应组织开展各种与学生阶段特点相匹配的教学活动。

5. 结合句子情境原则

为了避免词汇孤立起来，词汇教学不能脱离文章语境，必须与句子的语境相结合，即避免孤立地死记硬背，在语境中帮助学生练习单词。同时这种方式也有利于教师利用直观的教学手段进行教学。

现阶段的英语词汇教学模式容易使学生产生厌倦心理，因此结合句子和篇章语境开展词汇教学尤为重要。

二、应用语言学在大学英语词汇教学中的应用

（一）重视意义输入的词汇学习

学生普遍认为词汇学习主要来自教室里的词汇教学，然而词汇学习应该更为广泛。侧重意义输入的学习，是通过听和读随机地学习词汇，第一语言的词汇学习大部分是这样进行的。尽管这种学习比有意的学习保证性要小，但是第

一语言学习者有大量的机会进行这样的学习。非母语者用这种方法学习，需要满足三个条件。首先，不知道的词只能占少数，最好是2%左右，即50个词中只有1个不认识。第二，要有大量的输入，尽可能多的阅读英语文本。第三，如果在有意识的学习中反复使用一些词汇，使用词典、在篇章中将不认识的词加亮，用这样的一些方法来有意识地注意那些生词，可以加强学习效果。

（二）侧重意义输出的词汇学习

侧重意义输出的词汇学习，即通过说和写来学习词汇，是从接收性知识向生成性知识转化的必要办法。通过生成性技能加强词汇的方法有几种。第一，可以设计一些活动，包括使用没有注释的图片或解说，以鼓励使用新的词汇。第二，在说的活动中，小组活动可以给学生提供彼此协商不认识的词的意义的机会。第三，因为词汇学习是一个积累的过程，在说和写的活动中使用部分认识的词可以帮助学生加强和丰富对这个词的理解。

（三）有意的词汇学习

对随机词汇学习和直接词汇学习进行比较的结果显示，直接词汇学习效果更好。有意的学习比随机学习更有目标，更有侧重。对有意词汇学习的研究历史也比较长，已经有了一套很有用的词汇学习指导。在词汇学习项目中，有意词汇学习是一个非常重要的部分，它可以使词汇量迅速扩大，然而有意学习自身往往不能提供语法的知识、搭配、联想、参照和用法限制，这些最好是在语境中随遇随学。有意的词汇教学是鼓励有意词汇学习的方法之一，这样的教学有三个主要的目标：第一，旨在建立良好的词汇学习思维，这需要教师对学生进行丰富的指导。在每个词上投入合理的时间，引导学生在学习词汇时注意不同的方面，如拼写、发音、词的构件、意义、搭配、语法模式和语境用法等。第二，有意的词汇教学也可以仅仅旨在提高学生对某些词的理解，这样再次遇到的时候，可以引起他们注意。第三，有意的词汇教学也可以旨在帮助学生获得词汇学习策略，理解英语的系统特点。如发音与拼写间的对应，词的构件（前缀、词干、后缀）、内在的概念 和意义外延、搭配模式和联想类型等。

三、应用语言学视角下的大学英语词汇教学的策略

在今后的大学英语词汇教学中，教师应学习先进的教学理念，改变学生死记硬背的学习模式，结合词汇的特点，对学生进行理论与实践相结合的科学指导，有效解决词汇教学的问题，帮助学生掌握更多的词汇量。

（一）改善词汇记忆的教学方法

据统计，诸多的英语词汇由大约500个前缀、词干和后缀组成，所以，教师在词汇教学中，应注重分析与讲解前缀、词根、后缀等，这对于学生理解词义和增加词汇量，有事半功倍的成效。例如，ab作为单词前缀，表示“相反、离去”等，abrasive（粗糙的），abolish（废除），abstain（避免），前缀de-有“离开、取消”及“相反、否定”的含义。如：depart（离开），degrade（使降级），defend（防御），decamp（逃走）。例句：Mary is planning to depart from the company she founded.（玛丽打算离开她创立的那家公司）。This poster is offensive and degrades woman.（这张海报冒失无礼，有辱女性尊严）。前缀dis-加在某些名词或动词前，原义为“分开”，也有“不、无”的意思。如，dispense（分配），disproof（反驳），disorder（无秩序），dis-也有“除去、离散”的含义，构成词汇常与from等搭配。例为：She discounted 20% from the price of a dress.（她把一件连衣裙的价格打八折）。It was another attempt to distract attention from the truth.（这又是企图分散人们对事实真相的注意力）。又如，英语词根audi意思是“hearing”，audiphone（助听器），auditorium（礼堂），audition（听觉）。例句：The auditorium pulsed with happiness.（礼堂里洋溢着欢乐的气氛。Ability是一个非常活跃的后缀，表示“性质”的意思，adaptability（适应性），dependability（可靠性），variability（变化性）等。教师经过仔细的分析、加工，理解词汇内在的深层含义，可使学生建立有效的联系，增强记忆效果。

英语词汇的含义非常丰富，有些词汇从古英语演变而来，有些词汇来源于各国语言，所以结合语境学单词，也是记忆单词的关键。例如，有些学生写作文时会用accelerate来替换improve，认为两者都是“提高”的意思。考虑不同语境，两个词的确都可以翻译为“提高”，但前者往往和速度有关，后者往往和质量有关，很多时候这两个动词是不能够互相同义替换的。英语课本中包含丰富的篇章，每篇文章都可以参考不同的文化背景知识。因此，教师在讲授词汇时，尽可能给学生提供最真实的场景，引导学生理解不同背景下词汇的意义，在了解记忆规律的基础上，不断探索与创新，帮助学生通过联系上下文理解词义，养成良好的行为习惯。教师也要根据不同学生的需求和水平，筛选英文读物，引导学生积极主动地丰富词汇量，使词汇教学在寓教于乐中取得显著的成效。

（二）举办多样化学习词汇活动

在学习和记忆英语词汇的过程中，容易遗忘是学生面临的普遍问题，强化记忆的主要方法是增加学习频率与强度。教师不仅利用听写单词等传统模式，检查学生学习词汇的效果，还应提供充足优质的输入材料，积极开展多样化词汇练习活动，积极营造语言表达的课堂氛围，创造丰富的机会，帮助学生强化词汇的理解、记忆与运用。例如，教师可创造情景对话模式，用角色扮演的方式开展词汇专项练习；可引导学生根据自己的生活经历，用所学新词汇编故事；可布置课外命题作文以巩固所学词汇；可采取英语词汇接龙或小组 PK 方式巩固词汇，可通过纵横联系，运用联想记忆法增强记忆，促使学生用地道的词汇语言及严谨的思维模式表述观点，从而达到温故而知新的目的。

教师应强化自身素质，提高信息技术水平，充分了解“百词斩”等 App 的功能及问题。教师还应以学生为中心，利用广泛的网络资源指导学生学习词汇，师生积极参与其中，开展合作式学习，加强交流、互助与评价。例如，利用“名华在线”、英语学习 App 及英语学习公众号等，选择地道有趣的英文电影或视频等资料，创造真实的学习情境，让学生在增长知识的同时，利用碎片化的时间积累词汇，还应紧密联系学生的专业性，因材施教开展词汇教学。比如，在教艺术专业的学生时，教师可以让学生利用漫画及关键词，系统掌握词汇，使其树立自信心，掌握词汇学习技巧，从而为培养更多复合型的外语人才奠定扎实的基础。

（三）树立正确的学习英语词汇的态度

科学合理的学习策略及积极自信的学习态度，有助于学生对英语词汇的学习、掌握与提升。积极创造师生互动交流的学习环境是英语词汇教学的前提。大学英语教师不但要讲授扎实的英语理论，更要帮助学生树立正确的自我学习认知，深入了解大学生的特点及差异，因材施教，尤其对于低年级学生，他们往往积累词汇量很少，阅读一篇文章需要浪费太多的时间去查新词，很难深入理解文章的内涵，容易丧失学习英语的兴趣。

因此，教师应告知他们英语词汇的学习有规律可循，词汇主要是通过转化、合成、派生构成的，可以用多种巧妙的方法记忆词汇，帮助学生从心理上摆脱学习英语的恐惧感，树立正确的自我学习认知和英语词汇学习信念。教师还应积极消除学生靠死记硬背掌握词汇的学习误区，明确告知学生记忆的规律及英语词汇学习的技巧，加强循环学习，在识别理解的基础上掌握词汇，促使学生主动并科学合理地安排词汇学习，养成良好的自主学习习惯。只有学生积累和拥有丰富的词汇储备，才能提高文化认知能力，有效地构建知识体系，促进语言表达能力和社交能力的提升，更好地了解中西方文化的差异性，提升对英语文化的认知能力。

（四）移动终端与大学英语词汇教学整合

1. 充分利用移动设备提供的英语学习方面的 App 产品

（1）单词发音

以往在学习英语单词的发音时，主要依靠传统的音标教学。而有移动设备参与的学习活动中，学生可通过电子词典随时聆听标准发音，同时电子词典还能给出英式和美式两种不同 的发音形式，以及单词例句的标准读法。学生在听单词和例句时，能够进一步加深对单词的记忆，同时也能够提升听力的 技能。

（2）词汇更新

查阅单词的软件如有道、朗文等。这些电子词典能够让学生随时根据需要查出单词的意义，且信息更为专业，更新能力强，与以往纸质的词典相比更能表现出先进性。电子词典的查词效率更高，更新速度快，在教学栏目中，也可对近期出现的单词进行总结。学生通过阅读与词汇相关的文章便可了解更多的新词。

（3）词汇应用

电子词典能够辅助学生在具体的词汇应用环境中开展对 相应词汇的学习。例如有道词典中，单词的每个层面的意义都配有相应的例句，能够结合具体的语境进行解释说明，并标注出常用的词汇搭配形式，以及同近义词间的辨析等内容。学生在学习和掌握上述内容的过程中，便可实现对单词的深入理解和掌握。

（4）关注构词法

通过掌握构词法联系记忆单词是较为有效的方式，而电子词典和百词斩等软件在此方面进行了有益的尝试。如在百词斩中，provoke 一词便被拆解为 pro 和 voke 两个部分，前者表示“前面”的意思，后者表示“喊”。“在……面前喊叫”，便是“激怒”的意思。当学生对词汇的构成产生一定的认知后，便会自然加强对该词的理解记忆。

2. 词汇教学与移动终端的深度融合

在网络时代背景下，提升教育信息化程度的关键是将教育需求与信息技术有效融合。在完善信息软硬件建设的同时，还需配置专业技能更强的师资队伍。此外，需要不断创新教育理念，积极革新传统的教学模式，引导学生放弃生硬背诵单词的习惯，形成更灵活和高效的学习模式。需要提升对词汇教学的认识，加强教学平台和途径的搭建。教师需要充分发挥智能手机和平板电脑等移动终端的优势作用，让学生随时利用网络平台开展学习活动。这不仅能让学生掌握基本的词汇学习技巧，而且还能通过综合的测试、提问及互动等方式，深化学习的效果。教师可选派沟通能力较强且有兴趣的学生担任管理人员，教师只需定期参与和引导，便可实现词汇教学与移动终端使用的有效融合。

（1）提升课内外词汇学习的效率

教师在开展词汇教学时，应侧重激发和培养学生使其产生相应的兴趣，从而形成学习的内驱力。对此教师可以将激发学生的兴趣点为目标，将学生为本作为教学实施的原则，为开展课内外词汇学习提供基础。学生在兴趣的促进下能够自然调动更多的潜能投入到词汇的记忆与应用中，同时形成更为主动和积极的学习状态，自主开展阅读或者复习等活动，最大程度拓宽学习的范围。

此外，若想提升学生对词汇掌握的扎实程度，教师也需汲取传统教学方法中的有效部分，如让学生利用分类记忆或者读音记忆等方法和技巧开展词汇的学习，大幅提升词汇的记忆效率。在利用微课开展教学时，可综合运用上述方法，在平台优势的支持下提升学生掌握词汇的质量和效率。最后可创新完善词汇教学的评价和测验模式，通过定期或者随时的在线测评了解学生对词汇的掌握效果，有针对性地提出改善建议和方案，促进学生进一步提升词汇的掌握数量。

（2）策略指导与阅读教学的结合

词汇的学习是整个英语教学的基础，只有在词汇方面打下较为坚实的基础，才能高效开展英语听力、阅读、写作、翻译等技能的学习。而要提升词汇的学习，提高词汇学习效率更为关键。以往对词汇的掌握方法大多为机械记忆，学生在接触英语知识之初便运用这种方式进行词汇记忆，但直到大学阶段也未能对这种学习方法进行优化。对此教师应加强对词汇学习的管理，通过阅读教学巩固词汇知识，让学生在具体的语境下完成词汇的记忆，并形成更为科学的词汇学习习惯。

3. 构建完善的学习模式

（1）微信组学习模式

不同班级的学生可分别建立微信群。首先，教师在正式开展词汇的教学前，可将待学的词汇以单词和读音相结合的形式发送到班级群中。此后再发送单词的对应的意义和例句内容。学生在看到上述内容后，便可自主开展学习活动，将单词的录音反复聆听和研习，从而掌握标准的发音，并对照例句理解词义。其次，教师还可将词汇放置到具体的语境中，同时让学生结合相关的练习题进行理解和记忆。科学证明，间隔记忆比连续记忆的效果更好，因此教师可迎合学生的心理特征开展词汇教学活动。

（2）形象化展示模式

可针对同义词、易混淆词或者相似的词汇进行总结对比，制作成形象的图片，方便学生对照记忆。从研究结果可知，在学习过程中，通过激发视觉和听觉共同参与学习，比单纯依靠视觉获得学习内容的效果更好。为了学生能够将更多的积极热情投入到词汇的学习记忆中，尽量提高词汇学习的趣味性，教师可将目标词汇制作成动画等形式，用直观的方式展现单词的构成和意义，这样更有利于学生在轻松的状态下完成词汇的记忆。但需要注意控制视频学习的时间，让学生将精力集中于对词汇的记忆上。

（3）建立移动交流社区

教师可通过微信渠道将不同班级的学生集中到统一的交流群中。在群内重点讲解具有一定理解难度的词汇，并尽量丰富讲解的形式，让学生从多个层面对词汇建立认知。此外，还可针对词汇的试题和学生的普遍问题进行集中讲解，让学生在更为顺畅的沟通环境下顺利掌握知识内容。

第二节　应用语言学在英语语法教学中的应用

一、大学英语语法教学的重要性分析

在大学英语学习过程中，语法扮演着十分重要的角色，其学习效果直接影响学生的整体英语学习成效。具体来说，其重要性主要表现在以下几个方面。

（一）有利于学生英语思维能力的培养

在大学英语教学的开展过程中，教师应充分重视语法教学，发挥语法教学的作用，帮助学生更深刻地理解英语单词以及短语背后的语言结构，理清英语学习脉络，从而提高学生的英语学习质量和效率。

（二）有利于学生英语阅读能力的发展

在英语教学中，英语阅读也是一个重要的学习板块，更是学生英语学习的重点与难点所在。通过学习英语语法知识，学生在阅读过程中能够更好地理解句义，全面把握文章大意，实现阅读能力水平的持续进步。

（三）有利于学生英语口语能力的提升

当前，许多大学生的英语口语能力较弱。因此，教师应积极开展语法教学，使学生能够更准确地把握句式结构，学会用英语进行表达，从而树立起学习自信，进一步提升英语口语能力。

（四）有利于学生英语写作能力的提高

写作是英语教学中的一大重要环节，许多学生在经过多年的英语学习后，英语写作能力仍停留在较低水平。教师开展语法教学，可以让学生掌握更多的语法知识，使他们将所学知识灵活运用到写作中，用英语更准确地表达自己的想法，从而实现写作能力的提升。

二、大学英语语法教学简述

（一）大学英语语法教学的现状

1. 教材方面现状

作为课堂教学依据的教材来讲，其质量的好与坏，直接影响教学目的实现和教学方法的选择。但就目前来看，语法教学以及大纲的不协调在诸多大雪中都能看到，这会使学生的实际应用能力得到一定的束缚。

但现在也有诸多教师在对语法教材进行深入探究，甚至有狠毒学者提出使用交际语法教材作为主要授课教材，用其替换掉传统的语法教材，尽量为学生提供一个良好的交际环境。另外，在国外的教材中，要求将传统语法大纲与功能概念大纲、结构大纲、语境大纲以及语法部分在语境中的实践相结合。

2. 教学方面现状

在英语语法教学方式方面，目前主要依靠于教师的单一讲解，教师让学生去记录大量的词语、时态、句型等语法知识，深入来讲，这种方式对于学生学习英语语法而言是极为不利的。无论是什么样的语言技能教学，学生都很容易通过解释语法概念和规则，用大量的实践教学方法来帮助他们感到无聊。从长远来看，这不但会使学生对与法学系的积极性有所减退，而且会使学生产生叛逆心理，教学效果可能不明显。例如，在 CET-4 和 CET-6 中，英语语法知识的考试并不占很大比例。学生在考试前经常做相关练习，容易记住单词，所以语法知识的学习更消极。

此外，单一的教学方法很容易使学生感觉到他们在课堂上已经学到了东西，很难提高他们使用语法项目的具体和综合能力。即使把一些语法现象放在一起，也会感到不知所措。在语法教学中，学生组织的实践和作业的矫正不能有效激发学生的学习兴趣，如果他们只采用单一的方式或遵循严格的语法实践和纠正方法。

3. 学生方面现状

（1）没有明确的语法认知

就我国目前阶段的许多大学学生而言，缺乏语言知识不仅不利于其灵活执行，而且在英语试验中也处于不利地位。例如，英语文章的问题中，如果没有正确的语法识别，自己写的句子中存在的语法错误也缺乏敏感性。很多学生认为如果读了一句话就会把一句话写出来，但是他们不理解的话，只要读一个句子就能依靠语感，就可以了。书写正确的句子需要很好的语法知识。

（2）学习方法无效

由于对语法学习的理解和对教师的单生教学法的影响，学生往往采用死记硬背的学习方法，依靠记忆和背诵太多。虽然这种学习方法可以帮助他记住一些固定的或模式的句子，但是它不能把这些分散的知识点整合成一个知识网络和一个框架，这不利于激发学习的动力。

（3）学习方法欠科学

学习者获得语法知识的过程通常是一个被动的学习过程。主要原因是由于语法规则较多，存储困难，难以形成完整的系统等，学生的语法学习主动性差，缺乏相应的科学学习方法，这也是当前语法教学中的一个重要问题。大学生是一个相对独立的个体，通过检索语法学习的相关信息，寻找科学有效的语法学习方法，结合自我学习的实践，研究语法学习的效果是有利的。

（4）学习缺乏系统性

对于一些零碎的概念和知识点，一部分学生可能印象深刻，但是与比较复杂的语法内容相关时，不能详细叙述其具体内容和应用时应该注意的事项。显然，大多数学生没有意识到他们的语言技能，没有建立一个完整的框架。

4. 教师方面现状

（1）语法教学观念陈旧

对教学实践影响最大的应该算是教师的教学观念了。陈旧的语法教学观念影响下的教师，在进行语法授课时往往会用机械的讲解方法进行。除此之外，会让学生用造句的方式（根据语法定义和例子，创造出一些符合复发规则的句子）来掌握所学语法。与此同时，还过多的将侧重点放在句子的正确性上，从而忽视了学生所学语法在表达语言意义上的恰当性。

由于语境的准确性和意义的表达没有得到一定关注，因此而导致语法教学的整个过程都十分机械化，把语法教育作为很多练习问题的机械练习，学生不能理解如何在特定的情况下使用正确的语法，也就不能将自己所要表达的意识进行准确的传达。这种陈旧的授课观念，缺乏与该语法相关使用具体语境二者间的结合。也就是说，教师在授课的过程中，应将语法的特定功能进行详细介绍，让学生对其进行实质上的了解，然后再运用到日常交际中，将语法教学与实际应用相结合，才能让学生更好、更有趣地掌握所学语法。

（2）教学目标不清晰

在语法教学的实践过程中，部分教师强调的是对语言形式的讲解，因此会把一些阅读的文章，或是在教材中的某一文章片段作为语法知识教学的内容，这在很大程度上会导致教学目标模糊、不清晰现象的出现。

然而，在语法教学的过程中，目标恰巧影响着学生学习语法知识，并能否准确、正确组织语言并表达自己的思想。所以，在真正的实践活动中，教师不应只将其授课内容停留在一些书本或是文章阅读中，还需要运用到实际英语交流应用之中。

（二）大学英语语法教学的内容

1. 句型教学与语法知识教学相结合

想要将自己所想表达的内容及意思表达更加准确，或是能够及时明白他人的思想，就需要熟悉并掌握不同类型的句子结构以及相应的语法知识。然而，对于外语教学的初级阶段而言，因处于该阶段的学生，其所掌握的语言材料相对来说十分少，所以，想让处于该阶段的学生掌握不同类型句子结构和语法知识相结合的能力可以说是一种奢望。由此我们得知，过早地去跟学生讲授一些语法知识，学生有几大可能是理解不了的，不仅如此，还会使他们感到费解。

教师在这一阶段应该先教学生掌握一些句型，用这种方法带学生渐渐深入语法的学习中去，这种句型的教学方法可以使学生更直接地理解和掌握一些句子的结构和所表达的意思。当学生渐渐积攒了一定数量语言材料后，慢慢会形成总结、介绍定义、规则等，从而有效地掌握句型和相关的语法知识。

2. 语法知识和语法意义教学相结合

语法教学不应局限在对语法规则的讲解以及训练等狭隘的方面，应积极与语法意义的教学相结合。换而言之，在对语法学习的过程中，不仅需要对语法的结构和形式等进行关注，而且还需要充分考虑语法的意义。如若不然，就算学生对语法规则掌握再好，也很难用于或是正确用于实际交际中。在英语中，实际上有多种项目都有具有语法功能，但它们所具备的这些语法功能并不相同。就如大家所熟知的英语中的介词，英语中介词的用法和其在特定情境下的意义就不相同。

所以，在对英语语法规则讲解的过程中，除了要掌握一定的语法知识，还需要将其与语法意义教学进行适宜的结合。将语法规则真真切切的置于具体交际语言环境中，利用这个良好的媒介来传递语法信息，从而使学生运用语法的准确度得以提高。

（三）大学英语语法教学的原则

1. 简化原则

字面意思来讲，简化原则就是将复杂的事物变得简单化，在英语语法角度来讲是将繁杂、抽象、理性的语法规则、内容进行有料理的、浅明的、图示的教学处理，如此一来便可以使学生能够更为直观地理解该语法知识。

2. 情景性原则

坚持情景性原则对于大学语法教学十分重要，其对空洞乏味的教授于法规则表示排斥，而侧重于语法知识在实际生活情景中的应用。为此，在语法点的设计过程中，教师要尽可能地利用与现实生活有关的突出特点，为学生创造更多有趣的情境，以生动的语言传递语言规则。

3. 实用性原则

在英语语法教学中，把英语的实际应用作为其根本出发点，并把语法讲解的课文、课后练习与课外面对面的交际训练相结合，称之为实用性原则。因此，在该过程中，教师应该明确主次，万万不可只重视重点语法项目的分步骤、分项目进行，在安排教学时间问题上也需要进行考虑，考虑怎样在有限的时间里将学生学习语法的效果最大化。

4. 趣味性原则

传统语法教学套路主要遵循“规则讲解—机械背诵—大量练习”这一模式，通过大量实践证明，该语法教育模式不仅枯燥，而且可以说没什么效果。为了将这种既枯燥又没有效果的语法学习状态消除，就需要教师用心备课，设计一些有趣的环节，穿插到课堂之中。除此之外，还可以尝试用一些较为直观的方式把需要讲解的内容讲解出来。

例如，在引入相关语言学点的过程中，还需要将一些有趣的新闻、小幽默或是小故事以及影视评论等引入其中，通过构筑这样的语境，学生能够直观地认识并了解语法现象。

5. 语境化原则

在语言学理论的角度来看，只有理解并熟悉掌握词语、语法以及语境之后，才能顺利地完成交际。而语境化原则的坚持，恰巧是鼓励教师运用教育方法、创造模拟、情景，用有趣且生动的直观方式使学生入境，让学生感受到乐趣所在，从而唤起他们学习语法的积极性。

语法教学中的语境化教学法与其他形式的教学法相比，对教师提出了更高的要求。它需要教师根据班级的整体学习情况进行授课，并在此基础上，将授课内容与实际生活将结合。也就是说，教师需要对自己所讲授的课程内容进行精心的构思和设计。

6. 针对性原则

顾名思义，针对性原则运用在英语语法教学中，就是将学生语法中存在的问题进行明确的教育。世上没有两片相同的叶子，也没有两个完全相同的人。因此，即便是在同一个班级的学生，他们每个人所具备的各项能力的水平也是有所不同的，班级和班级之间更是如此。所以，教师在进行语法教学时，要先了解每个学生的具体情况，根据学生的实际条件来制定相应的教学计划以及教学方案。

比如，对于一些英语语法基础较差的班级，教师需要进行进一步的知识点调查，在了解大部分学生容易出现问题的地方后，有针对性地将这些问题重新讲授一遍，并在讲授之后给予相应的练习；而对于那些英语语法基础不错的班级而言，就不要再按照“讲解—操练—交互活动针对性讲解”的顺序进行讲解，可尽可能多地为该类学生创造实践交际活动。

有上述内容不难发现，教师只有考虑到不同班级、不同学生的具体情况，并对他们进行有针对性的教学，才能在真正意义上提高教学效率。

（四）大学英语开展语法教学的方法

1. 以句法教学为重点，避免对词法重复教学

虽然很多大学生从小学阶段就已经开始接受英语教育，但是依然没有充分地掌握应该掌握的语法知识。相当一部分学生虽然口语发音很标准，但是由于没有掌握系统的语法知识，口语表达缺乏规范性，在表达时依然是按照汉语的语序组织语言，在英语作文写作中也不例外。许多学生虽然能够按照自己的想

法将曾经背诵过的文章与语句写下来，但是不能灵活借助语法知识完整地表达自己的想法。在英语学习过程中，学生主要依赖教师的细致讲解，缺乏借助语法知识进行独立思考并解决问题的能力。许多学生在做课后练习时，虽然明白每个单词的意思，但是却无法理解整段话的含义。在大学英语语法的教学过程中，教师主要以句法教学为重点，通过分析句法结构，引导学生系统地认识其中所包含的句子成分、时态、语态等，使他们了解每一个成分在句法中的作用，深入了解句子中的隐藏含义，全面把握句子、文章所要表达的意思。

2. 创设问题情景，展现高效能的大学英语教学

大学英语教师应为学生创造新的学习机会，帮助学生在巩固所学语法知识的基础上进一步提升发展。语法学习需要在具体的语言环境中进行，与日常开展的听、说、读、写、译等能力训练紧密联系在一起。教师必须为学生创设更多的教学场景，引导学生在观察、体验的过程中去感悟、去分析、去总结，逐步形成自己的语法知识系统。在这个过程中，教师扮演着讲解员的角色。大学英语教师要加强个人对英语语法学习的了解，大胆创新传统教学模式，将语法教学融入日常开展的词汇、句法等教学内容中，与时俱进，从而获得更好的教学效果。

3. 重视语法教学，避免“走极端”现象

虽然语法教学在大学英语教学中并不是主流任务，但是也扮演着非常重要的作用。大学英语教师要正确认识语法教学的作用与意义，避免出现“走极端”的现象，不能认为学生在高中已经接受过语法训练，在大学就不需要学习语法知识了。同时，教师也不能过度强调语法学习的重要性，错误地认为学生语法学得好就是英语学得好。部分教师把大量的时间花在了语法知识的讲解和分析上，把生动形象的语言教学变成了枯燥的知识点讲解，进一步导致学生的学习积极性下降。因此，教师要合理分配教学时间与任务，避免过度的语法教学影响学生正常的英语学习节奏，破坏学生的英语能力发展规律。

三、应用语言学在大学英语语法教学中的应用途径

（一）利用阅读教学强化教学效果

大学英语语法的掌握程度直接关系着大学生的英语应用能力，而要想提高大学生的英语应用能力，大量的英语阅读必不可少。从这个方面来说，教师要想更好地提升大学生英语语法掌握程度，就应该利用阅读教学作为切入点，加强大学生英语阅读训练。在大学英语语法课堂教学中，教师可以为学生选择难

度适当的英语阅读材料，要求学生开展阅读训练，并对学生的阅读训练的过程和结果进行记录。在学生完成指定英语材料的阅读之后，教师可以在课堂上对这些英语阅读材料进行分析和解构，并选择其中较有代表性的句式进行讲解，分析优秀英文读物中的语法使用环境和使用方法，进而为学生直观地展示英语语法使用语境和使用规则。在积累了一定阅读量之后，学生的英语语法能力、英语写作能力等均会有明显的提升。持续开展阅读教学可以让学生不断地学以致用，进而扩大其英语语法知识面。教师可以充分利用阅读教学的方式提升大学生的阅读量、阅读能力以及大学生的英语表达能力，进而可以更好地提升语言迁移的正向作用，降低汉语语法规则的负面干扰作用，实现大学语法课堂教学效果提升的目标。

（二）重视正向迁移、降低负向迁移

在大学英语语法教学中，教师可以在平时搜集一些典型的英汉差异例子，在总结和归纳之后，将其应用到课堂教学中。在这些对比案例的支持下，教师可以为学生打造一个更具针对性的、丰富多彩的教学环境。在这样的教学环境中，教师结合适当的对比案例对汉语和英语差异进行直观解释和阐述。同时，教师应当根据不同学生的学习能力和学习特点，设计不同的语法教学内容，为学生打造更生动、形象的语法学习环境，在英语学习中积极引导学生逻辑、对比、分析能力的发展，并借助汉语中与英语类似的语法规则，让学生更深入地理解英语语法知识。教师可以引导学生通过类比学习英语中与汉语类似的语法习惯，强化语言迁移的正向作用；同时，教师可在丰富的教学材料的支持下，让大学生充分认识英语语法和汉语语法的不同之处，并通过习题和训练，强化对差异的认识，从而降低语言迁移的负向作用。教师应帮助学生形成积极主动的学习习惯，提高英语学习的效率和效果。

（三）利用语法翻译教学夯实学习基础

结合大学英语语法课堂教学实践经验和学者们的研究成果发现，在大学英语语法课堂教学中，教师将语法教学和翻译教学进行有机结合，可以有效提升学生对英语语法的掌握程度，进而夯实学生的英语学习基础。

例如，在开展英语语法教学时，教师可以事先搜集合适的翻译材料，并在课堂教学中设计翻译训练环节。教师可以利用课堂翻译练习的机会引导学生大胆尝试、积极参与，不要担心翻译结果的对与错，而是根据教师提供的翻译材料和自己对于英语的掌握进行大胆的试错。在学生完成翻译练习之后，教师可以开展对翻译结果的点评。在点评时，教师应当重点强调学生在翻译过程中存

在的语法结构和词汇问题，并对所提供材料的写作手法、表现方式等做简要评价，为学生提供一个阅读、翻译、写作等方面的综合性评价。通过长期、持续的翻译教学，学生能够开阔眼界，增加对英语语法的使用感悟，进而达到熟练掌握英语语法、规范使用英语语法的目标。总体而言，语法翻译教学可以更好地提升学生的英语学习探究能力，强化学生的英语学习动机，为学生英语语法学习水平以及英语应用能力的提高奠定坚实的基础。

（四）利用形成性评价提升学生学习兴趣

在我国传统的教学评价方式中，终结性评价指以期末考试成绩评估学生学习水平的方式，但这种以“分数论英雄”的评价方式让学习目的仅限于“考试取得高分”，而师生之间理想的交流和互动难以实现。在考试分数的压力下，部分学生甚至会产生厌学和抵触的心理。在这种背景下，采用形成性评价来衡量学生的学习情况凸显了一定的优势。形成性评价是以学生学习过程和解决问题能力为主要考查内容的评价手段，较之于终结性评价更加注重学生的主体地位，能让学生的学习主动性真正发挥出来，避免学生因为担心学习成绩而有较大的心理负担。

例如，在讲解非谓语动词时，教师可以根据教学需要，鼓励学生主动使用非谓语结构简化较长的英语文章，教师则根据学生简化任务情况进行评价，进而可以充分了解学生对该知识点的掌握程度，设计更加具有针对性的语法教学内容。这不仅锻炼了学生应用英语进行写作的能力，而且也能让学生在实践中体会英语语法的具体使用方法，再加上教师适时的引导和鼓励，更能让学生在自己的进步和外部的赞赏中获得心理上的满足，进而形成积极学习英语的良性循环。

因此，教师在大学英语语法课堂上积极使用形成性评价，不仅能够迅速提升学生的学习兴趣和积极主动性，而且也能极大程度地发挥语言迁移的正向作用，强化学生的英语语法学习效果。该评价方法值得教师进一步研究和推广。

四、应用语言学理论下大学英语语法教学新思路

（一）涉身观教学

应用语言学理论下的涉身观教学思路指的是按照学生的语法学习体验对教学进行 改革和优化，只有先提高学生的课堂语法教学体验，才能通过合适的教学方法提高学生 的语法学习效果。

因此，大学英语教师可以利用隐喻理论和意向图式理论对语法进行教学。

在隐喻理论下学生可以利用学生的动作对英语语法语义进行表达，在意向图式理论下学生可以利用现代化工具和媒介对英语语法语义进行表达，最后学生能够通过隐喻和图式加深对英语语法的认知和理解。

（二）构式观教学

构式观教学思路指的是按照语法结构形式直接对学生进行语法教学，这样可以先提高学生的语法实践应用能力，再提高学生对语言的认知和理解，这种语法教学思路与结构法存在某种共同之处。构式观大学英语语法教学可以先将常见的语法构式分成主语从句、宾语从句、表语从句以及同位语从句等，然后通过设置教学情境让学生将所学的语法构式直接应用其中，最后学生对英语语法知识的认知即可得到提高。

（三）概念观教学

概念观教学思路指的是按照语法结构、形态、差异、功能等对英语语句进行翻译，然后经过适当修饰将英语语义转变为自己理解的母语语义，最后即可让学生对不同语法的概念进行理解，概念观英语语法教学思路与翻译法存在一定的共通之处。大学英语教师可以直接按照思维模式采用合适的语法对语义进行表达，但是英语语法中很多词汇在母语中没有对应的词语，因此教师可以采用次级理论意向图式对这些难以直接对应的词语进行解释，这样可以降低学生的语法学习难度。

（四）使用观教学

使用观教学思路指的是让学生在使用英语语法的过程中加强对语法知识的学习和理解，在汉语中有句话为“书读百遍，其意自见”，只需要让学生尽可能地多使用语法知识，学生在使用过程中对语法的认知会越来越清晰直到彻底掌握该语法的使用规则。大学英语教师可以通过音视频教学方法加强学生对英语语法的使用，教师可以提出某一个语法知识，然后让学生从音视频中找出预期相似的语法现象，最后学生在寻找音视频的过程中即可理解该语法的用法。

五、应用语言学理论下大学英语语法教学策略

（一）改革传统英语语法教学方法

应用语言学理论下，大学英语教师可以采用翻转课堂或者微课堂的方式对语法知识进行教学，传统的教学方法中教师占据课堂主体地位，学生的学习效果不够理想而且容易产生对英语学习的厌烦心理。但是翻转课堂中教师可以让

学生在课下时间通过微视频的学习完成英语语法教学任务，然后在课堂之上学生运用所学语法知识分别对听说读写译进行练习，最后学生的课上课下以及碎片化实践都可以得到有效利用，教学方法的改革才能从根本上提高学生对语法的认知和理解。

（二）优化英语语法教学评价方式

应用语言学理论下，大学英语教师在重新设计教学方法之后，还需要对英语语法教学评价方式进行同步优化，这样才能保证学生的语法学习的单项和综合情况能够反映出来。在翻转课堂和微课堂视角下教师可以分别从课上和课下两个角度对学生语法学习成果进行考核，其中每一节微课堂的课上和课下都可以进行评分，最终将微课堂课上和课下评分汇总即可对学生整体语法学习情况进行了解，而单独对每一个微课堂进行评分即可对学生单个语法句式的学习情况进行了解。

综上所述，英语语法教学从过去到现在使用了多种教学方法，但是每个时期采用的语法教学方法都存在一定的差异，外在环境不同导致英语语法教学需求和内容不同。如今大学英语语法教学的要求更加全面而深刻，应用语言学理论下大学英语教学必须从涉身观、构式观、概念观、使用观等思想观念进行改革，并从学习兴趣、教学方法、评价方式等方面对大学英语语法教学策略进行优化，才能提高大学英语语法教学水平，使大学生英语水平符合时代的需求。

（三）指导学生树立有理据的语法观

语法不是抽象的符号规则，教师要让学生认识到语法学习的必要性与趣味性，引导其树立有理据的语法观，消除其对语法学习的抵触情绪，使得其对语法现象产生积极的探索欲。语法本身是有意义的，应用语言学认为语言和语法具有符号属性，而语法形式是有理据的，学生必须理解语法形式的理据性。教师应从语法现象、语法规则的成因分析入手，使得学生对语法现象有着更深层次的理解。

当前英语教学中语法部分的教学往往局限于告诉学生“怎么样”，而忽视引导学生去探究，去回答“为什么”。学生对语法规则的学习是“知其然而不知其所以然”，认知语 言学的观点要求教师在语法教学中增加感性的成分，让学生去研究语言动因，获得对现有语法现象深层次的理解。例如，同一个动词后接不定式和 -ing 分词存在语义区别，以 stop to do 和 stop doing 为例，学生可能知道这两个短语分别对应的是“停下来去做”与“停下所做的事”，但很少有学生会深入思考为什么是这样。学生如果能够基于认知语言学进行更深层次的探讨与思考，学生就会明白，to 对应的是方向性的介词，隐含“未来”的意思，可以被理解为“去做”意义的动因，这样学生能更好地理解上述语义的区别。在语法教学中，教师要引导学生探讨语法现象背后的动因，使学生深入地理解语法现象，并驱动他们进行语法概念的思考，让语法教学不再是单调死板的规则讲解，而是对内在意义的探索。

（四）提高学生对英语语法的学习兴趣

应用语言学理论下，大学英语教师想要让学生对语法的认知和理解能力得到提高，首先应该提高学生的学习兴趣。如果学生学习兴趣不足，即使教师的教学方法再生动也 无法提高学生的英语语法水平。

因此，教师在英语语法课堂教学中可以让学生自主结合课堂教学任务设计相关语法，并且运用所学语法规则生成语法句式，学生的兴趣和自主学习能力才能提高，教师的教学工作才能起到事半功倍的效果。

（五）激发学生自主学习语法的积极性

语言现象十分复杂，而语言规则也不是一成不变的，因此学生在语法规则学习中往往觉得迷茫与困惑。不可否认，语法既有规则的成分，也有不规则的成分，这使得语法的运用既稳定又灵活。常见的书面表达与日常口语表达存在明显的差异，但这也并不能说明语法规则学习无意义。语言的学习是长期性的过程，学习者对规则的学习是先达到“必然王国”，再由“必然王国”向“自由王国”跨越，最终达到学以致用、灵活表达。

应用语言学认为，教师要培养学生自主学习语法的能力，调动起学生自觉学习语法的积极性，让学生自觉地接触大量的实际语料，培养语感，建立语言的百科知识体系，从宏观、统筹的视角做好英语语法的学习与把握。

比如，教师可以在语法课堂上引入语料库，为学生提供海量鲜活的语言材料，创设趣味性的语言情境，梳理语言结构，强化学生自主学习语言的能力，让学生从“被动地学”向“主动地学”转变。语料库的查询功能能为语法书上的语法点提供注脚，以形容词主动意义和被动意义的区分为例，英语国家语料库BYU网络界面的比较功能让学生明白“satisfactory(令人满意的)”与“satisfied（感到满意的）”的搭配对象是不同的，前者最常搭配的名词主要是物，而后者高频搭配的名词主要是人。学生还可以利用语料库找出例句，自主归纳语言规律。以不定式和分词的用法为例，在学习时学生可能不确定 suggest 后加什么样的动词形式，这时学生可以基于语料库检索词串，分别查询在 suggest 后加 -ing 分词、加动词原形、加不定式的三种用法，结果显示加 -ing 分词的频率更高，于是学生能自主归纳出 suggest 后加 -ing 分词的用法更普遍。以上过程也是学生思索探讨的过程。借助语料库，学生即使离开了教师的指导也能自主地去探讨如何运用英语，分析哪种表达更合乎语法规则，形成自己的判断。

第七章 应用语言学在英语技能教学中的应用

本章分为应用语言学在英语听力教学中的应用、应用语言学在英语口语教学中的应用、应用语言学在英语阅读教学中的应用、应用语言学在英语写作教学中的应用、应用语言学在英语翻译教学中的应用五部分。主要内容包括：大学英语听力课程设置情况、大学英语听力教学现状、提高听力水平的方法与技巧、应用语言学在大学英语听力教学中的应用等方面。

第一节 应用语言学在英语听力教学中的应用

一、大学英语听力课程设置情况

（一）课程教学目标

大学英语的应用能力主要体现在今后的工作和学习中能否运用英语进行沟通和交流。教育部 2017 年最新版《大学英语教学指南》提出大学英语教学目标分为基础、提高、发展三个等级。各个高校应根据其办学定位和实际教学情况对大学英语教学目标进行自主选择。分级进行大学英语教学目标的设定有利于满足学校、院系和学生个性化需求的大学英语教学。但是，并不是所有院校大学英语课程的开设都是根据分级目标来进行的。

大学英语课程的定位应由学院教务处和开课的各级学院以及公共英语教学部共同研究制定，包括课程分级目标的设置、学时分配等。然而很多高校大学英语课程的设置没有部门间联动机制，没有实际从学校办学定位以各级学院的人才培养方案和学情出发，全校各个专业的英语课程均是统一的课程教学目标、统一的教材以及授课内容和教学方法，没有形成合理的大学英语教学体系，没有考虑学生知识储备的差异性，因而大学英语教学无法满足学生的个性化发展需求。

（二）课程设置情况

听力课程的教学是大学英语课程的一个重要组成部分。但是，很多高校没有将听力课程单独设置，而是仅仅占有大学英语教学的少量学时。根据分级目标中对于语言单项技能的要求，英语听力理解应达到的教学目标也是不尽相同。基础阶段的目标是要求学生能够运用所学的听力技巧听懂简单的英语交谈和语速较慢的音频以及视频材料，学生能掌握听力材料的大致含义；提高阶段的目标是要求学生能听懂篇幅较长、语速适中的英语广播、电视节目或者其他音频、视频材料，各个阶段的目标要求不同。受应试教 育的影响，大部分初高中学生对于听力练习的频率不高，导致学生的英语听力能力相对薄弱，加之大学英语听力课程的学时较少，学生没有得到充分练习听力技能的机会，因此，很多二本的学生甚至还达不到《大学英语教学指南》中听力教学的基础目标要求。另外，很多高校没有完备的大学英语听力课程评价和能力测试体系，大学英语听力教学的导向性、激励性等多种功能无法实现。

二、大学英语听力教学现状

（一）课堂模式

目前，很多高校的英语听力课堂仍然采用传统的单一的教学模式，主要依赖有限的教师讲解和一定范围的听力材料进行语言信息输入，教师讲授为主，学生被动接受，传统的“三步式”教学法被广泛应用于听力课堂中：播放听力音频—核对练习答案—再播放听力音频。“虽然运用了多媒体进行教学，但只是用多媒体设备替代了录音机，用电子软件和材料替代了教师教案”。

（二）学生听力习惯

传统听力教学模式下的学生习惯将大部分注意力集中在辨音上，注重语音语调、语言表达等语言层面的内容。然而，辨认出单词这样单独的语音结构不能等同于整合了单词与单词组合后所产生的句子以及文章整体内容的意义。

因此，听懂了单词却不理解听力篇章的整体结构和内在逻辑关联的学生比比皆是。再者，传统听力素材多为语音标准、语速适中、外部干扰少的教材，题型以选择题为主，很多学生习惯了依赖已有选项从标准规范的听力内容中听取与题目对应的信息而忽略对其他细节以及语篇的整体把握。一旦听力素材有篇章结构或考核形式上的变化，很多学生往往无所适从。

此外，由于未掌握自主听力训练的有效方法听力，很多学生在课后并不愿投入更多时间加强听力练习，或在自主练习时收效甚微。若仅仅依靠课堂有限课时的训练，学生的听力水平很难得到较大提高，思辨能力更无从谈起。

（三）教师教学方式

科学的教学策略与实践相结合才能更好地服务于教学。然而，许多教师依赖教学素材和教学习惯，对教学策略缺乏研究，其探求教学方法的改进、学生需求、教学问题的根源等内在因素以及规律的动力不足。

此外，许多老师也是从“满堂灌”的听力模式下成长起来的，自然又将其带入课堂，再根据自身在这种模式下形成的理解方式和听力习惯来指导学生，忽视引导学生去学习对宏观语篇语义信息的把握，而“在这种教学方法的指挥下，学生一直扮演着被动角色，而且有限的听力水平仍然是他们交流中一个不可逾越的障碍”。

三、提高听力水平的方法与技巧

（一）培养学生自主学习的习惯

调查显示，绝大多数学生并没有养成很好的自主学习的习惯，造成这种现象的原因一个是自身的惰性，还有一个很重要的原因是学生对听力甚至对英语这门学科没兴趣。教师可以通过介绍一些西方的节日或者习俗，甚至准备一些学生感兴趣的题材的纪录片在听力课上播放，潜移默化地激发学生学习英语的热情和兴趣，能够对培养课后良好的自主学习习惯起到积极的作用。

（二）利用线上教学平台辅助教学

现在是互联网的时代，很多教学资料可以很轻松地在线上获得。作为对听力授课资源的补充，教师可以充分利用线上的图片，音频及视频使听力教学更加具有多样性和趣味性，培养学生对听力课的认同感，进而达到教学目的。学校为学生提供了优校园以及随行课堂作为课下学生自主学习的软件，收到很好的效果。多数学生能够按时完成教师布置的课后作业，增加自主学习的时间。在一周一次的听力课上，每次都会找一些学生感兴趣的纪录片，播放十分钟到十五分钟的片段，一般是播放开头部分，时间到了暂停播放，多数学生会意犹未尽，问我纪录片的名字，课下用手机观看完整的一集。这也间接地增加了学生课后听力练习的时间。

（三）改变以教师为主导的课堂教学模式

一堂科学且高效的听力课需要改变以教师为中心的传统教学模式。这要求高校英语教师转变观念，把课堂交给学生，以学生为中心开展教学活动。而教师的身份是课堂的组织者、引导者和推动者。在听力教学中，虽然教师的主导地位不容忽视，但是也要时刻把学生当作教学的主体，使教学按照既定目标有条不紊地进行，帮助学生沿着正确的方向高效地学习，共同完成教学目标。

四、应用语言学在大学英语听力教学中的应用

（一）听力教学过程中内容图式理论的应用

在进行图式理论教学应用时，教师首先需要对内容图式理论的内涵进行分析，发现其主要指直接对外部环境所做出的定义的理解，要求学生在英语听力学习过程中，充分按照一定的规则，对所能够接收到的一切外界信息和环境进行资源整合，借此进一步实现个人认知与图式教学的整合。与此同时，在进行内容图式理论的分析时还能发现，进行新的信息获取，需要立足于当前已有的信息基础。为此，教师就要求学生在进行英语听力学习时，充分做好相关英语知识的提前预习工作。

具体而言，教师在应用内容图式理论进行英语听力授课时，需要做好下述几项工作：一是在课堂上指导学生将身边的多种渠道充分利用起来，借此去获得更多与听力知识有关的信息内容，同时针对脑海中已经记录的信息进行听力信息内容的解读，从而建立内容图式听力学习模型；二是在进行听力教学时，一定要充分考量学生个人的兴趣爱好，借此设计更多贴合学生兴趣的英语听力问题，引导学生在感兴趣的情景下，对英语听力知识加以学习，从而激发学生对于英语学科的学习兴趣，为大学生在脑海中形成内容图式理论奠定基础，同时也可以进一步提升学生对于新听力知识学习的能力。

（二）听力教学、学习过程中，抽象图式理论的应用

在大学英语听力教学过程中，为了进一步提升教学质量，教师将抽象图式理论有效应用于教学过程中，也显得十分关键。相对于其他形式的图式理论教学而言，抽象图式理论的具象性相对比较低，该理论比较注重对于广义范围内的内容概括，其在正式听力教学中所发挥的作用，主要体现于当学生将听力中词汇的意思掌握之后，会再次对已经接收到的听力信息进行加工处理，借此过程实现对正确信息的筛选，将筛选的内容与之前听到的内容进行关联分析，从而针对具体的听力题目构建一个全新的知识模型。在抽象式图式理论应用过程中，教师应该提前针对班级学生进行分组教学，借助以小组为单位的形式，帮助学生增加英语听力学习过程中的交流机会，使其相互之间多次重复和温习已

经讲过的知识内容，同时也借此帮助高职高专学生将之前已经构建完成的图式结构加以巩固。

此外，教师在抽象式图式理论教学中，还需引导学生主动开口练习英语听力内容，培养其对于英语听力的语感，最终促使学生能够将听力中学习到的知识长期存储于脑海之中。

（三）听力教学、学习过程中，形式图式理论的应用

在大学英语听力教学过程中，形式图式理论的应用，主要是要求学生在进行新的英语知识学习过程中，增加对于事物的理解能力。所以，锻炼学生个人对听力主要内容的概括能力十分关键。通常情况下，教师在英语听力授课中，形式图式理论应用目标实现的方法，就是归纳和判断，利用这种教学形式帮助学生在听到听力内容的时候，能够在脑海中形成总体性的概念，从而抓住听力中的重要内容。针对形式图式理论教育所具备的教学优势，教师可以在课堂上注重培养学生个人的听力概括能力，尤其重点锻炼学生发现重点信息的能力。

此外，在进行英语听力授课过程中，教师还需灵活引导学生进行相互交流和沟通，借此推动学生调动和处理大脑中已有的信息，提升高职高专学生在听力学习中的主观能动性，实现已有知识与新知识之间在形式上的图式关联，最终促进学生英语听力能力提升。

第二节　应用语言学在英语口语教学中的应用

一、大学英语口语教学的现状

众所周知，英语学习在大学生的学习生活中占有举足轻重的地位。以通过大学英语四、六级考试为目的的英语学习激励着学生做大量的试卷，背单词，学语法，写作文。相比于对笔试的重视，口语方面的练习往往被学生忽视。造成了大学生的口语水平普遍偏低，以英语作为口语交流工具的能力相对较差。这就更加体现出英语课堂口语教学的必要性。学习语言的目的是理解和交流，不能熟练地用英语表达，不能用英语进行日常的会话交流，则失去了学习语言的最基本的意义。导致学生英语口语能力欠缺的原因有如下几点。

（一）教学评价不够科学

教学评价是依据本课程的教学目标对老师的教学过程及结果进行价值判断并为教学决策服务的活动。教学评价是研究教师的教和学生的学的价值的过程。

教学评价一般包括对教学过程中教师、学生、教学内容、教学手段、教学环境、教学管理等诸多因素的评价，但主要是对学生学习效果的评价和教师教学过程的评价。教师通过对学生学习效果的评价，可以及时发现教学中存在的问题，了解学生的掌握情况，调整教学计划；学校通过对教师教学效果的评价，可以判断教师的教学质量，并及时发现问题，对其进行相应的培训。

目前，我国许多高校对学生英语口语的教学评价主要还是采用期中或是期末测试的形式进行。有些时候，测试的结果并不能真实地反映学生的学习水平和学习效果。口语测试更是有别于大学英语测试，单单靠期中或期末测试根本反映不出学生的真实水平。口语测试应采用多种形式，比如跟学生就一个话题进行讨论，让学生自由辩论等。而且，口语测试的时间也不应该固定在期中或期末，而是应该贯穿于整个教学过程的始终。但是，目前，有的教师在进行口语测试时，仅仅让学生背诵对话或者自我介绍等，这根本不能反映出学生的水平，对学生平时的口语练习也无促进或激励作用。很多高校对教师的教学评价也没有一个系统的标准。一般通过教师听课打分，有的还是外专业的老师听英语老师的课，根本就听不懂，怎么能进行有效的评价？还有就是请学生对教师进行评价，这个主观意识就更强烈，有的学生根本不能客观地对教师的教学效果做出评价，完全凭个人对教师的喜好进行评判，结果往往是不符合实际的。

（二）传统课堂教学方法的弊端

在传统课堂，英语老师经常会呈现“一言堂”的授课模式。学生对英语教学的参与度差，经常会有如下的课堂画面：老师从头到尾充满激情的讲解各个语言点与知识点，部分学生认真记笔记、频频点头；部分学生一脸茫然，昏昏欲睡。课堂仿佛是老师的独角戏，学生只是台下的观众，无法参与到教学中来。开口说英语更是无从谈起。

（三）部分老师的专业能力欠缺

曾经有位学生感慨，其中学老师的口语发音很不标准，直接导致其口语能力的进步，以至于在大学期间纠正曾经积累的错误发音变得异常困难。甚至有些在学术方面颇有造诣的老师在口语方面也存在很多问题，发音不标准、中式英语的情况比比皆是。听着老师中式英语的发音和句子，学生就已经没有了练习口语的欲望，这就更使得学生在口语方面的发展变得不可能。

（四）英语以笔试为主的考试模式

国内的英语考试目前仍以笔试为主，加上传统的应试教育的思想使得口语训练长期被忽略。在练习口语和做笔试题之间，学生更愿意将时间花在后者。师生都将大量的时间用来准备笔试考试，而被迫学着哑巴英语。这一点在中学的英语教育中尤为突出，导致在大学中笔试成绩好的学生往往口语都很差。

（五）学生英语基础水平参差不齐

开设英语口语课堂的目的是使学生开口说英语，通过课堂练习，达到提高学生口语交际的能力。因此，英语口语课堂最好采用全英文的教学模式。但是现在很多高校英语口语课堂的现状是学生的英语基础水平参差不齐。如果老师全英文授课，有的学生根本听不懂，何谈交流呢？能真正和老师进行全英文交流的学生少之又少。这样的课堂根本不具备全英文授课的条件，如果老师继续全英语授课，导致一些基础差的学生对自己的英语口语课越来越没信心，对英语学习的积极性越来越低，越来越没兴趣学习英语，甚至到最后放弃英语学习的地步。如果老师改成中文上课，那么就失去了开设英语口语课堂的初衷，对个别基础好的同学也没什么吸引力，因为他们在课堂上根本就得不到提高和锻炼的机会。有的老师采用折中的方法，半英语半中文，但是效果也大打折扣，学生的口语交际能力很难得到提高。

（六）师生关系、生生关系不够和谐

和谐稳定的师生关系以及同学之间的良好关系都是英语口语课堂教学中不可或缺的重要因素。有着良好的师生关系和生生关系才能保证英语口语课堂的正常进行。然而，有的教师在教学过程中跟学生的关系不够和谐，以“高高在上”的姿态教育学生，学生一犯错误就严厉批评，让学生对教师产生恐惧或厌恶的心理。在口语课堂上，学生如果带着这种情绪上课，跟老师之间的交流就会不那么自然，甚至是被迫的。同时，学生和学生之间如果关系不够和谐，那么口语练习在紧张的气氛中也难以进行。因此，在口语课堂教学中，不管学生回答得如何，教师应对学生的回答应加以鼓励或表扬，即使有些小错误也应该委婉地表达，让学生树立自信心，敢于开口去交流。同时，同学之间也应该建立良好的关系，才能保证课堂的有效进行。

（七）学生自身对英语的认识及学习中的心理问题

大学生都是学习英语将近十年，长期以来英语难学已经成了其挥之不去的心理阴影。甚至有的学生在第一节课就明确提出自己英语不好，不想在课堂发言。试问，秉承这种“我的英语永远无法进步”的思想，在未来的学习过程中如何才能有真正的进步。不能克服这种固化的思维模式，想学好英语练习口语都无从谈起。

二、应用语言学在大学英语口语教学中的应用

（一）让学生沉浸在英语语言环境中

通过行为主义方法对语言环境有一个清晰的认识，“语言环境在提供所要模仿的语言模型和必要的反馈方面上起着重要的作用”。积极的语言环境更容易让学生融入英语口语课中。教师需要为学生营造宽松和谐的语言氛围，可在课堂上播放 VOA 或 TED 的语言类节目，让学生融入其中。虽然初中生对节目的内容并不完全理解，但教师只要让学生沉浸其中，他们就能自然地模仿英语的语音语调，培养英语语感，在口语中获得更正确、更真实、更地道的表达。

（二）培养学生的英语思维方式

朱文惠、高查清认为，英语思维是指摆脱母语的干扰，直接用英语来理解和表达的思维。中国学生习惯用汉语思维方式翻译英语来表达自己的思想，不可避免地受到母语思维的干扰。如，人们常用“People mountain people sea”来形容“人山人海”，常用“Good good study，day day up”来形容“好好学习，天天向上”。如果中国学生如此表达，外国人就会感到困惑，这就是为什么中国学生在与外国人交流时有一种“鸡同鸭讲”的感觉，因为那是“中式英语”。为了更好地运用地道的英语表情达意，学生应该多听目标语的地道表达，并加以记录。除了听、说，教师的引导也必不可少。教师应引导和帮助学生形成良好的口语交际意识，通过观看英美影片的方式让学生接触标准、地道的英语，有意识地培养学生的英语思维习惯，提高他们的英语思维能力。

总之，应用语言学理论是英语口语教学中的一种尝试，其在英语口语教学中的作用是积极的。从应用语言学理论视角出发，口语教学会变得更加有趣和完整，它改变了词汇和句子的简单排列，减少了语言学习的枯燥记忆以及在特定交际环境中产生的不适感。教师只有帮助学生建立认知的基本概念，根据学生的认知能力选择恰当的教学方式，英语口语教学才能取得更好的效果。

三、大学英语口语教学的策略

（一）提高英语教师的课堂教学组织与调控能力

如今，在英语口语课堂教学上，越来越多的老师认识到发挥学生的主体作用的重要性。但是由于大部分高校的班级学生人数还是比较多的，许多教师在面对越来越多、越来越活跃的学生时感到无所适从，不知该如何去有效地管理这些学生。虽然课堂上学生是主体，但教师在课堂教学中要起到主导和灵魂的

作用。那么，教师该如何组织课堂教学和调控好课堂气氛呢？首先，教师应对班上的学生做个全面的摸底，把基础差不多的学生分在一起，然后上课的时候进行分组。这样，基础差不多的学生才能进行更好的交流。其次，教师课堂教学形式应该多样化，借助网络，多媒体等手段，让学生进行多种形式的口语锻炼。比如电影中经典片段的朗读模仿、配音、小组进行话题讨论等，让学生在课堂上有机会开口说、开口练，才能慢慢提高学生的口语能力。不同小组的学生在进行讨论时，老师要及时发现问题，最后对每个小组存在的问题进行点评，让学生及时得到改正和提高。

（二）合理安排教学时间，让学生有充分练习的机会

每节课的英语口语课堂时间有限，因此，有效利用课堂上的每一分钟是提高课堂教学效果的关键，特别是英语口语课堂教学，教师必须安排一定的时间让学生对所学内容进行操练，那么如何合理安排好教师讲授的时间和学生练习的时间尤为重要。教学前，教师应该对本节课的内容做个梳理，突出重点和难点，同时充分准备好教学需要的媒体，如课件、网络视频等，避免在课堂上出现突发状况而浪费时间。一节课的教学时间有限，教师应该在重点内容上多花点时间，次要的内容少花点时间，使学生彻底理解、牢固掌握。足够的练习是使学生牢固、灵活地掌握重点内容必不可少的手段。在教学中，教师一定要围绕重点知识让学生进行充分的练习，使学生对重点内容进行自我消化，加深印象。那种只注重讲解而忽视练习的做法在口语课堂上是尤其不可取的。只有让学生围绕教学目标积极地投入，认真地思维，才是高效的课堂教学。

第三节　应用语言学在英语阅读教学中的应用

一、大学英语阅读教学的现状

在高校教学中极少的英语阅读课时使高校生的阅读能力水平一般，学习水平得不到提升，在传统思想观念的教学下，高校教师难以发挥自身能力创新教学模式。在传统的教学模式下，学生难以提高阅读基础，对语言、语法知识的学习缺乏速度和效率。

（一）教学模式无实效性

教学过程下的高校英语阅读花费的时间是最多的，同时付出的心血也是最多的，教师及学生对这一板块格外重视。但是目前普通高校存在的问题颇多：

第一，教学模式缺乏创新，教学中运用译读法对不同题材的阅读进行略读、精读；第二，落后的英语阅读资料大多是比较旧的，无法跟着时代的进步发展更新信息，缺乏新意，难以培养教师和学生的主动积极性；第三，学生在这种传统教学模式下的学习属于被动处境，得不到教师的正确指导，学生的阅读水平并没有得到提升，反而适得其反，使学生对英语阅读学习的兴趣欠缺；第四，阅读技巧在阅读过程中占据重要地位，然而教师在教学过程中，缺乏培养学生这方面技巧的意识；第五，过度的重视阅读精读，缺少侧重意识，无用的时间花费过多。

（二）学生缺乏阅读量

传统模式下的英语教学中学生适应了对单词死记硬背的方式，学习模式单一无创新，学生对自身学习有问题缺乏意识。因此，学生词汇量的不达标使其阅读水平、效率得不到提升，过于狭隘的阅读视角致使学生缺乏自觉能动性。阅读水平得到快速实效性的提升在于扩大阅读量，阅读量的提升能更快提升英语水平。

在教学过程中，教师将大量精力放在让学生记生词、分析长难句上，缺乏主观意识，使学生在学习中处于被动地位，难以提升学生的阅读效率、水平，英语阅读的学习进度一直进展缓慢。出现状况时，学生过多依赖教师，缺乏独立解决的能力，主要问题依然在于学生对英语阅读学习缺乏自觉能动性，导致阅读量和阅读水平一直难以提升。

（三）教师在阅读教学中的作用缺失

各民族据有自身的语言文化，其民族文化大都通过语言进行传播，承载着民族文化的重要部分。想要学好一门语言，就必须深入感受其民族文化。然而当今学生对自身民族文化都缺乏了解，更不会受到其他民族文化熏陶，这种现象使学生对英语的阅读缺乏理解力。普通高校中教师对语言学在英语阅读中的实践缺乏重视，英语阅读中的词义、历史含义。象征意义等学生都无法理解透彻，如此循环，不会激发学生对英语阅读的激情。

二、应用语言学在大学英语阅读教学中的应用

在英语阅读中充分运用语言学中的基础方法进行解析，使学生养成良好的习惯，增强自身对英语阅读学习的主动积极性。其中，教师适当的引导对学生的阅读能力提高有极大的帮助，激发了其学习动力，使得学习意志得到发现，学习计划得以实施。

（一）加大学生对词汇量的认知

现代语言学中，词汇量的重要程度是有目共睹的。英语阅读能力的提高建立在词汇量的基础上，一般情况下，在掌握三千到五千词汇量的基础上，才能在英语阅读出现状况时全力解决。词汇量的丰富是奠定学生阅读分析能力的转折点。英语长难句、派生词的记忆要领还需教师的有序引导，帮助学生巩固对词汇内包含的各层同义词、搭配句等的理解程度。在教师的引导下，学生增强了自主能力，自觉丰富自身的词汇量，对英语阅读的各层含义逐一打破难度，拥有了深度分析的能力。使自身的词汇运用能力达到极致，提高了阅读水平的水准。

（二）巩固学生阅读素养

正确的感知、创新、修改阅读信息是学生必须具备的阅读素养。在日常的英语阅读教学中，学生应该逐渐提高自己分析通篇阅读的能力和速度，使阅读中的难点达到其义自见的成效。学生对于所学语言的文化应有所深入了解，使学生在受其文化熏陶的情况下，学习语言，对英语阅读中的包含的文化产生热情，有利于对阅读内在意义的分析。通过不断的循环训练，对英语阅读的反复实践、词汇的反复记忆，正确理解文章的表达方式，从而进行英语阅读的基础巩固，增强高校英语阅读教学的实效性。

（三）培养学生阅读习惯

英语阅读水平的提升在于日常生活中阅读习惯的培养，有利于提高英语的阅读效率。教师摆脱传统英语阅读教学的固有模式，创新了教学课堂上枯燥乏味的讲解方式，使学生对英语阅读分析的能力多元化。教学模式创新为以学生为主、教师为辅的方式得到了阅读教学上的伟大突破。教师应在课堂上纠正学生的小动作、不好的行为习惯，因为这些习惯会导致学生的阅读速度、质量、效率受到负面影响。教师在教学中承担很大责任，阅读方法的正确性是目前学生阅读问题中出现的重中之重。阅读内容得到正确分析，学生才能做到面对不同题型的文章时沉稳应对。文章的统一性、理解度得到实现，学生阅读能力不断增强，教学质量得到逐步完善，为学生主动寻求技巧积极发展创造动力。

综上看来，高校英语阅读在现代语言学习中的地位明显得到提高。其教学成果激发了学生的主动积极性、自觉能动性，良好的阅读分析技巧也为其奠定了坚实基础。学生分析阅读结构能力的提升有利于现代语言学的应用，教师在英语阅读训练中遵循语言学的基础技巧引导学生的阅读激情，使现代语言学下的英语阅读教学模式得到创新多元化发展。学生在其阅读训练中，完善了阅读素养。另一方面，语言学的成功应用得到实现。

第四节 应用语言学在英语写作教学中的应用

一、英语写作的含义

（一）写作要有丰富的知识结构

仅仅是一事一物不能称为是写作的客体，真正的写作客体应该是万事万物。也就是说，不管是一块小小的石头，还是一片浩瀚无穷的宇宙，都有可能作为客观事物，通过写作这种方式反映出来。

写作者只有具备丰富的英语知识储备，才能在写作的过程中更加得心应手。同理，写作者只有具备深厚的生活积累，在完成写作的过程中才会更加顺利。这就需要写作者不断去学习和钻研在写作过程中常常会用到一些写作原理和技巧，同时还应对词汇学、修辞学、语法学、语言学等有一定的了解。

（二）写作要有复杂的技能结构

写作所需要的技能结构是非常复杂的，其能力组成也并不单一。具体来讲的话，这种能力主要是由智能和技能综合而成的，其中，智能主要是指写作者的思维以及心理活动能力；技能则主要是指写作者对各种技能慢慢熟悉、准确掌握以及正确运用的能力。

写作对写作者各方面的素养和技能要求都是非常高的，它要求写作者必须能够有效在写作的过程中充分调动起自己的各方面储备，比如，思维能力、生活积累、语言知识、写作技巧等，由此可见，写作属于一种综合性非常强的脑力劳动。

二、大学英语写作教学阶段

（一）课前准备阶段

在正式开展英语写作教学之前，教师需要做好教学准备工作保证教学活动的顺利进行。在这一阶段，教师要鼓励学生对教学内容进行自主预习。首先，教师需要在课前将相关 的学习资料上传至学校网络在线学习平台，其中包括一些教材及与教材配套的学习材料，同时，利用互联网搜集与英语写作教学相关的资料，并制作微视频，体现出写作教学的目标、内容与重点难知识点。学生在课前通过账号登录网络在线学习平台，获取教师上传的学习资料，并通过自主学习认真解读本节课写作教学的要求，并完成教师在课前安排的学习任务。同时，学生也需要完成一些写作任务，并将完成的作文上传至批改网，由批改平台对学生的作文给出分数和评价。之后在课堂教学环节，教师可以根据批改网对学生作文给出的分数与评价再对学生进行针对性的指导。

此外，学生可以对阅读学习资料过程中存在的疑问和困惑进行记录，在课堂教学过 程中向教师提问并得到答案。在教学准备阶段，学生的学习 环境以网络环境为主，并以学生自评和网络自动评分的结合方式对学生的写作进行综合评价，有助于教师提前了解与掌握学生的写作水平，从而更好地开展个别化教学，提高学生的写作能力。

（二）课堂教学阶段

课堂教学阶段是学生获取知识的主要阶段，该阶段的教学以面授形式为主，在此过程中，教师需要将重点放在教学的设计与课堂教学活动的组织上。在课前，学生已经通过教学准备阶段的文本和微视频资料了解了本节课教学的主题、目标、要求以及重难点内容。在课堂教学阶段，教师需要打破以往教师讲解、学生写作、学生阅读和教师评价的教学模式，采用小组或师生讨论的方式开展教学活动，在活动中教师充分发挥教学主导作用，对学生的讨论和交流过程进行一定的指导与监督，及时解答学生在讨论中出现的问题。通过这样的教学方式，有助于深化学生对知识点的理解。在讨论结束后，教师可以针对学生提出的共性问题以例文进行讲解，从而提高课堂教学的效率和质量。课堂教学阶段学生的学习环境以课堂面授形式为主，教师提出问题后学生组建学习小组针对问题进行讨论和交流并自主解决问题，之后再通过教师统一的讲解帮助学生强化对知识的理解与掌握，评价方式以学生的互评和教师评价为主。在此过程中，教师充分尊重学生教学主体的作用，发挥了学生的主观能动性，有助于学生对知识点进行内化，提高英语写作教学的整体水平。

（三）教学评价阶段

在以往大学英语写作教学中，教师未能及时对学生的写作进行有效评价与反馈，导致学生不能明确自身写作存在的问题，难以提高写作水平。因此，教学评价需要从多种途径入手，将学生自评和互评、教师评价以及批改网自动评价有效结合，提高评价的全面性和可靠性。首先学生需要在课下自主写作练习中进行不断修改，通过将学生自评和互评方式的有效结合，有助于学生发现自己写作中存在的问题并进行标记和反复修改，进而帮助学生巩固写作技巧。而教师需要通过网络平台对学生写作存在的问题进行在线答疑与讨论，并在平台上建立每个学生的档案袋，将学生写作不断完善的过程即初稿、修改稿和最终定稿进行记录与保存。同时，结合每个学生写作的实际情况以及教学效果整理出自我反思日志，将小组和师生在线讨论的过程和内容进行记录和保存，以此作为形成性评价的主要依据，保证教学评价的全面性、客观性和准确性。在教学评价中注重形成性评价有利于帮助学生深刻认识到自己写作中存在的问题，从而有助于激发学生的学习动机，提高学生对英语写作学习的主动性。在教学评价过程中，教师还需要全面了解与掌握学生在网络在线学习平台上的活动情况，主要包括学生是否按时并保质完成在线学习任务、是否获取并充分利用各种学习资源、是否完成小组学习任务以及是否按时提交作业等。

此外，还要求学生将自己学习 的心得和体会在平台上进行分享。这样的教学评价方式有助于教师全面了解学生的英语写作学习情况，从而在后续的教学中为每个学生提供针对性的教学指导，有效提高学生的写作能力和水平。

（四）课后延伸阶段

大学英语写作教学要求学生在长期的学习中进行阅读与写作练习，才能有效提高自身的写作水平。因此，教师需要注重课后教学的延伸阶段，引导学生充分利用课后时间对知识进行复习和巩固。在此过程中，教师可以结合写作教学的实际情况，将重难点知识点进行整合并制作成微课视频，学生可以登录网络在线学习平台直接观看微课视频，对课堂教学中不能完全理解的重难点知识点进行重复学习。在学习过程中如果遇到问题可以随时向教师提问，教师通过在线答疑帮助学生及时解决存在的疑问，从而帮助学生更好地理解知识点。同时，教师可以在学习平台上为学生设置课后作业，学生需要按时完成作业后提交到平台上，教师根据学生作业完成的情况给予评价。此外，学生还可以利用互联网搜索自己需要的学习资料，从而培养自主学习能力，提高自身的写作水平。

三、大学英语写作教学的现状

（一）教学模式陈旧

在传统的英语教学中，教师把培养学生词汇、语法等语言能力作为英语教学的重点，却忽视了英语写作对学生的重要性，教学模式的陈旧和教师对教学重点的偏失，使得学生的思辨能力无法从根本上得到提升。

（二）教学理念落后

在英语写作教学中，教师只重视英语单词、语法和句子的相关教学，却忽视了英语文章结构对培养学生思维能力的重要性。同时，为了应付应试教育，教师更多的是教授学生提升考试分数的方法和技巧，忽视了培养学生思辨能力的重要性。在实际课堂教学中，教师往往只是针对学生需要掌握的知识点进行反复讲解，并未组织学生围绕知识点进行提升思维能力的辩论，这阻碍了学生思辨能力的发展。批改学生作业时，教师往往只注重纠正学生写作中错误的单词和语法，并未关注学生的写作表达能力以及构思布局的能力。比如在大学英语等级考试备考中，教师只是让学生反复记忆往年考试范文的写作思路和写作方向。这种机械灌输的教学理念与教学模式禁锢了学生的思辨能力，使得学生在英语写作中无法进一步拓展思路，更难以写出优秀的英语作文。

（三）写作主题陈旧、单一

大学英语写作教学是发展学生思辨能力的有效途径，良好的思辨能力能够使学生在新的情境中迅速捕捉关键信息，从不同角度认识、分析问题并做出理智的选择。之所以重申思辨能力的重要性，是为了突出思辨作为一种思考方式和问题解决策略的可迁移性以及思辨对象的多元性与即时性。思辨能力的可迁移性、思辨对象的多元性及即时性启示我们：思辨写作的主题也应该是多样化且与时俱进的。当前大学英语写作的主题主要有两个来源：一是教材，二是试卷，这两个主题来源的共同特点是明显与现实脱节的，相比教材，试卷提供的主题更新颖，但与现实仍有不小的差距。首先，陈旧的写作主题不利于激发学生的写作动机；其次，过于老套的主题思辨价值不高，不能很好地促进学生思辨能力的发展，对学生来说也没有挑战性；除此之外，就培养思辨能力而言，教材与试卷提供的写作主题在数量上来说是远远不够的。

（四）大学生英语写作能力弱

我国大多数学生的作文都有着考试作文的影子，主要原因是受母语负迁移现象影响严重，缺少文体知识、系统的写作能力和积极的写作意识。很多学生只是按照背诵的作文模板依样画葫芦，更有甚者只知道死记硬背模板，根本不理解模板的篇章和句法结构，以至于在写作中出现句法或者意义上不该出现的一些低级错误。千篇一律的、机械的文章模式，不仅不利于培养学生的创新思维和语言应用能力，还限制了学生个性语篇的构建。

（五）应试为导向的语言学习观

当前的应试环境使师生将考试视为英语学习的风向标，这种语言学习观不仅与课程标准对英语课程工具性和人文性的定位相悖，而且忽视了英语作为发展思维能力的有效途径的事实。应试之下，英语课堂一贯秉持知识本位的教学理念，重语言形式轻语言意义。英语写作课堂也不例外，教师关注的更多的是语言层面的问题，如词汇、语法、句型等，对语言的意义和其承载的思想未给予足够重视，这导致的直接后果是学生的写作缺乏深度思考，思辨缺席使学生在写作时无话可说，产出的语篇结构混乱，缺乏逻辑性。

众所周知，写作能力并非一朝一夕能够提升，应试使得英语写作教学重结果轻过程，为达到立竿见影的效果，教师和学生在观摩无数范文佳作的基础上催生万能模板。不可否认，万能模板确实在形式上促进了学生逻辑思维的形成，通过总说：描述现象，引入话题；分说：分别论述两个对立观点及相应的理由；总说：给出自己的看法及理由这样一种三段式固定模式的训练。万能模板首先解决了学生写作时谋篇布局的问题，谋篇布局指对文章结构的构思，良好的谋篇布局能力体现了写作者思维的有序性；其次，这种固定的模式在无形中引导学生从多角度思考同一问题，有利于辩证思维的养成。但我们也要清醒地认识到：写作的中心环节正是万能模板中被挖空的地方，也即两个对立观点各自的支撑材料以及自己的观点及支撑材料，而对观点背后的理由及支撑材料的探寻正是思辨的核心，从这个意义上说，万能模板在写作内容上对学生思辨能力的发展收效甚微。无论是知识本位的语言学习观还是万能模板的产生都从侧面折射出应试背景下师生在思辨能 力培养方面意识薄弱，对高分的热衷追求使他们无暇顾及写作对发展思辨能力的重要意义。

（六）课时不足，教学形式单一

相比专业课，大学公共英语课所占课时比例较小，但它肩负的任务却很重：在高中英语学习的基础上进一步发展学生的听、说、读、写、译技能，培养他们的跨文化交际意识，使他们能够在各自的职业领域与国际接轨等。大学英语课课时本来就少，分配到每个模块上的时间相应地就更少了，这种情况下，教师通常是将听说读写译融为一体来进行教学，而不会将某个模块单独拿出来进行训练，在写作教学上尤为明显，教师在课堂上基本不会讲解与写作有关的细节，写作技能的训练简化为在批改网等英文写作平台上定期提交作文，这种形式虽然很方便，且批改网也会基于标准语 料库自动对学生的作文进行分析与反馈，但需要指出的是，批改网的反馈提示针对的是语言层面，如用词、语法、表达的规范性等，可以说，它解决的仍然是语言层面的问题。批改网等英文写作平台的使用未能有效改善写作教学，究其原因，还是没有解决思维层面的问题。导致当前英语写作教学效果欠佳的另一个原因是教学形式单一。为应对期末考试或四、六级写作，教师可能会花一两节课来专门指导写作，但教学形式往往是：教师布置话题、学生写作、教师对个别学生的作文进行点评；要么就是教师带领学生解读范文，临阵磨枪，来使教学效益最大化。这些措施都未深入问题的核心，因而都未能从根本上改善写作教学。

（七）大学英语写作教学意识淡薄

1. 写作选修课的局限性

英语写作在我国通常只作为一门选修课，因此存在着很多问题。

第一，学生对选修课不够重视。我国高校普遍存在无法保证选修课出勤率的问题，以 90 人大班授课为例，其到课率通常只有 70%左右。同时，由于人数较多，作文批改时间较长，教师无法兼顾到每一位学生，导致无法满足学生的需求，造成学生失去学习动力。

第二，课时有限且写作题材繁多。我国高校学生出于应试的目的，通常会将重点放在议论文和简单的应用文，能采用的体裁也十分有限，从而导致对其他题材的写作接触甚少。

第三，一般情况下，我国高校的英语写作在每个学期只有 32 课时，在课堂教学中教师不能选取常见的写作题材进行讲解，或是无法深入讲解不同题材的写作，从而导致写作课题材狭窄，缺乏创新。

2. 课程设置和教材

大学英语教学改革的重心经历了由“语法—阅读—听说”的演变过程，这其中我们不难发现大学英语写作一直没有引起足够的重视。目前，大部分高校大学英语教学安排以精读和听说为主，基本没有开设专门的写作课，在很多高校写作课以选修课或拓展课的形式出现，主要针对四、六级考试通过的学生。此外，教材上也并没有独立和系统的写作章节。

（八）缺乏应用式英语语法教学

大学英语写作中有个非常有趣的现象，大家都喜欢用中国的说话写作方法去贴英语写作上，语法上没有出彩的地方，因为学生在大学期间使用的语法和句式表达都是在中学阶段学习的内容，在大学期间没有针对语法专门学习，因此在大学英语写作中，学生只会使用初级词汇和简单的句式，作文没有美感和结构感。这里主要是学生习惯使用简单的语法，时间久了就用的熟练了，就像看书一样，前面几页总是滚瓜烂熟，后面部分却生疏得很，一样的道理，因为学生对复杂的语法使用太少了。在传统高校英语教学中不会有复习语法或者语法教学的课程了，在英语写作教学上下功夫，却没有找到影响写作真正的内因之一是语法。由此可见，生涩、复杂的语法要在大学英语写作教学中不断的熟悉、使用，最终在文章的结构感和层次感布局下更加有美感地写作。

（九）缺乏专业领域的词汇量强化教学

大学英语教学中，教师已经不对词汇量进行监督学习了，更多是靠学生的自主性学习来丰富词汇量。高校招生的时候，不能招录到英语基础特别优质、平均的生源，英语基础参差不齐。面对如此情况，高校英语教学本身任务就很繁重，英语写作需要大量词汇的支撑，英语基础差异问题导致学生主动学习的积极性很差。教师在教学过程中，既要完成教学计划，又要想方设法完成高校该专业领域的词汇量教学，给学生造成很大压力的同时自身也很疲惫。英语的学习是从字母开始，再学习词汇、语法，到句子过渡到文章，这是我们英语学习经历的基本历程，然而却是十分有层次感的。词汇量是英语写作的教学基础之一，尤其是高校是以职业为基础进行技能教学，英语更是相关职业基础。虽然困难但是专业领域的词汇量是必须掌握的，因为不仅仅关系到英语写作，也关系到未来职业的竞争力。

（十）缺乏与职场英语应用相结合进行教学

传统的教学方式比较枯燥，尤其是英语教学，很多学生戏称英语课是催眠曲，这也不无道理，有些学生选择高校会有避开学习英语的原因，但是英语与职场应用是非常重要的，需要学习和量的积累。传统高校英语教学中除了课堂、书本、对话等，没有更好的方式和方法与职场英语应用相结合，缺乏手段和技巧的进行教学。在英语写作教学中往往是与职业相关的，但却有教材的局限性，不能把职场中的实际情况在写作中表现出来，而只是按照书本上的一个标准化的模板，千篇一律的教材场景进行写作练习。如何更好地把大学英语写作教学与职场英语的应用紧密地结合到一起是值得研究的课题，也影响着写作教学的质量。

（十一）缺乏听、说、读、写的配合教学

到了大学教育后，教育方式上与高中有所不同，强制学习的时间不再是那么严格了，主要是自主性学习为主。英语的学习中听、说、读、写是需要配合

的，也是有层次的学习的，增加听力的学习是为了能听懂，听懂之后对话并说出句子来，通过读大量的英语文章增加语感和流畅性，最后是能达到写作的程度。从这个顺序中可以看出，每次英语考试都把写作放在最后不无道理的，因为写作需要各个动作逐层深入，不断升华技能，最后才能达到英语写作的水平。在高校英语教学过程中，很容易忽略说和读的强化，却直接强化英语写作能力，导致未能达到预期教学效果。大学英语课程并没有那么紧凑，知识结构深度不够，主要是专业领域的职业英语应用，所以相关的学习环节在配合的同时要结合职场应用。

四、应用语言学在大学英语写作教学中的应用价值

（一）激发学生英语写作学习动机

英语应用语言学科基于应用语言学理论来开展英语教学活动，在高校英语教学中有着十分广泛的应用，利用应用语言学理论能够在大学英语写作教学中，帮助学生正确认知英语写作学习的重要性，有利于提升学生的英语学习兴趣，让学生产生强烈的英语写作学习动机，这对大学英语写作教学而言极具教学价值。应用语言学理论在大学英语写作教学中合理应用，教师可以对学生的英语写作学习心理进行深层次了解，根据学生的客观需求来转变教学模式和教学方式，从而满足学生的英语写作学习需求，为学生指引英语写作学习方向，激发学生英语写作学习兴趣，提升学生英语写作的积极性和主动性，有利于大学英语写作教学效果的提高。

（二）创新大学英语课堂写作教学

大学阶段的英语课堂不同于中学阶段，英语学科在课程安排上相对较为宽松，因此教师在英语教学中，应合理规划英语写作的教学时间，利用科学的时间安排，有效完成英语写作教学进度。大学英语教学中，学生缺少教师的监督，自主学习程度较高。因此，教师在英语教学中，针对写作教学部分就应该加大重视力度，英语教师应充分利用应用语言学的相关理论，创新大学英语课堂写作教学，可以让学生针对某一主题进行英语写作训练。教师在评判过程中，对学生详细讲解英语写作过程中各种词汇的用法，以提升学生英语写作学习效果，提高学生的写作学习积极性。

（三）培养学生英语写作学习的自信心

在大学英语学科教学中，教师要将应用语言学作为英语写作教学的指导理

论，逐步在英语写作教学中渗透应用，加强对学生英语写作能力的培养，提高学生英语写作学习的自信心。

目前，在大学的英语教学过程中，学生的英语运用能力在各方面都呈现出两极分化较重的情况，一部分学生的英语基础知识较为薄弱，不少学生在英语写作学习中完全没有思路，长久以来造成学生自信心缺失，因此需要教师利用应用语言学的知识，来帮助学生正确认识英语写作学习。英语教师应遵循由易入难的英语写作教学原则，让学生由浅入深逐步掌握英语写作的知识和要领，让学生在英语写作学习中获得成就感，提升英语写作学习的自信心。

五、基于应用语言学视角下的大学英语写作教学策略

（一）应用语言学理论导入英语文化提升写作教学效果

高校英语教学要根据《英语教学大纲》的要求，在英语写作教学中，教师可通过导入英语文化，让学生有效掌握以英语为母语的国家在写作或表达方面人们是如何使用短语或语法的，从而在英语写作过程中能够写出符合日常生活习惯以及语法准确的英文文章。

例如，在大学英语写作练习过程中，由于对英美文化了解不足，对人们日常在书面表达过程中的语法用法和写作英语文章时的不同了解不够，有些学生或将“好好学习，天天向上”在英语写作中写成“good good study，day day up”，将“怎么又是你”写成“how old are you?”等。因此高校英语教师在英语写作教学中，应运用应用语言学理论，将英美的语言文化导入英语写作教学中，开拓学生写作视野，不断强化学生的英语文化知识积累，提升大学英语写作教学效果。

（二）大学英语写作教学应精准定位教学目标

大学英语写作教学在应用语言学的理论指导下，目的在于提高学生对英语这门语言的运用能力，教师应引导学生在语言学习认知的过程中，将英语作为第二语言，全面掌握英语的写作、阅读等能力，而非仅是口语上的简单应用。同时大学英语写作教学在基于应用语言学的教学理论指引下，面对经济全球化趋势，学习英语写作的价值以及英语运用能力已经成为大学生未来发展的刚需能力。大学英语教学过程中，教师应在明确学生英语语言应用能力的培养基础上，加强对英语写作教学的重视程度，科学精准地定位大学英语写作教学目标，在传授学生英语应用语言学知识的同时，提升学生的英语写作能力，同时将英语写作教学拓展到实际交流过程中。

例如，高校英语教师可以在班级内组织英文写作大赛，锻炼学生的英文写作能力，并将英语文章写作质量高的学生纳入学分激励以及奖学金候选者名单，激发学生潜在的学习动机，同时可以利用学校校报等刊物，开展英文作文校园大奖赛，鼓励学生积极参与，提升学生的英文写作能力，达到学以致用的目的。

（三）大学英语写作教学可实施分级教学模式

大学英语写作教学以应用语言学理论为指导，教师在英语写作教学中应充分尊重学生的主体，教师应制定科学的教学方案，创新教学模式，针对学生英语写作学习的实际情况，实施分级教学，以人本教育为宗旨，遵循因材施教的教学原则。教师在教学活动中应全方位了解学生的英语写作能力，在英语教学过程中打破传统的教学模式，侧重学生对英语语言的实际运用能力培养，同时加强对学生英语写作水平的了解，针对学生英语写作的薄弱部分重点加强，满足学生在英语学习中对英语写作的基本诉求。

此外，教师在英语写作教学活动中，针对不同学生对英语写作的基础知识能力不同以及学生在英语理解能力、学习能力、学习积极性等诸多方面的差异，应制定具有层次性的教学目标，辅以分级教学模式，帮助学生提升英语写作能力。

（四）致力于创新构建大学英语写作课堂教学

在大学英语教学中，英语应用语言学理论知识与英语作文教学必须有效结合在一起，创新构建大学英语写作课堂教学模式，促进高校英语教学改革，提升大学生英语语言的运用能力。创新构建大学英语写作课堂可以从创建良好的英语写作环境方面着手，大学英语教师要想有效提升学生的英语写作能力，在强化学生英语基础的同时，应积极促进学生对英语新知识以及英语语言文化的探索，如教师可以让学生翻译英文文学专著，帮助学生深入了解英语文章的写作手法，了解英语语言以及词汇在文章写作过程中的使用方法，从而有效提高学生对英语语言在写作方面的运用能力。

另外，大学英语写作教学中，教师要加强与学生之间的交流沟通，建立良好的师生关系，营造轻松的英语写作学习氛围，对学生在学习过程中提出的不同看法，师生应共同探讨，激发学生的英语写作学习热情。

第五节 应用语言学在英语翻译教学中的应用

一、英语翻译教学的基本原则

（一）文化性创新原则

高校英语翻译教学的有效性开展，需要立足于当前高校英语翻译教学困境，采取有效的教学方法，突破教学困境，达到实效性的高校英语翻译教学成效。针对当前英语翻译教学文化性缺失问题，应重视英语翻译教学文化信息的融入，以文化信息为导向，丰富、拓宽英语翻译教学内涵，达到良好的英语翻译教学目的。

同时，将文化信息融入英语翻译教学中，也是“一带一路”战略思想所提倡的，要求教育领域培养国际化发展型人才。国与国之间习俗、经济发展、政治等信息的不同，其文化信息也存在差异性。这就需要大学生不仅对本土文化进行了解，也要对沿海地区、国家文化进行了解，以文化为推助力，运用英语语言与其进行友好的交流，以此才能够达到英语翻译的有效性。

因此，在高校英语翻译教学的创新中，需要遵从文化性原则，将沿海国家、地区的文化渗透到英语翻译教学中，使大学生根据不同国家的习俗、风情进行英语翻译，以提升大学生英语翻译水平。

（二）主体性创新原则

在高校英语翻译教学创新中，需要遵从主体性创新原则。换言之，高校英语翻译教学的内容选取、教学方法的运用、教学模式的搭建等都要围绕大学生进行，根据大学生英语素养的培养、英语翻译能力情况等信息，设计英语翻译教学模式，推进英语翻译教学在英语学科教学中的有效性开展，以达到良好的英语翻译教学成效，培养大学生核心素养。

同时，高校英语翻译教学以主体性的创新原则为导向，需要翻译教学的教学目标、人才培养方案等都围绕大学生进行，以立德树人为教育基础，通过英语翻译教学的开展，促进大学生综合性发展，进而提升高校英语翻译教学质量。

（三）信息对等原则

所谓信息对等，指的是在对所需要翻译的内容进行翻译的过程中，无论是书面翻译还是口头翻译，都必须保证译文的内容与原文的内容是对等的，不可以出现随意篡改内容，或者是在翻译中夹杂个人的意见的现象，进而影响翻译的真实性以及翻译的效果。例如，在对电影内容进行翻译的过程中，一定要保证翻译的情节内容与原电影情节以及内容的吻合性，实现信息对等原则的发展以及应用。

（四）文化对等的原则

众所周知，中西文化之间存在一定的差异性，因此，对于所需要翻译的内容的翻译，除了要保证信息的对等性以外，还应该保证文化的对等性，只有这样，才能保证对方能够理解自己所讲述的内容。例如，在对于中国的典故的翻译上，由于很多中国的典故西方都是没有的，且都是不知晓的，因此，在翻译的过程中，就需要翻译者寻找正确的方法进行翻译，进而实现文化的对等性。

比如，对于中国的草船借箭的典故，翻译者在进行翻译的过程中就需要寻找外国的一个与此相似的典故来进行对等交换翻译。而倘若外国并没有这样的典故的情况下，我们也可以采用注释讲解的方法让对方了解到我们所要讲解的故事以及所要讲解的内容的含义，进而实现文化的对等性，帮助语言接受者进行理解。

（五）高度逻辑性原则

无论是对于书面翻译还是对于口头翻译，翻译者都必须具有高度地逻辑性，在翻译的过程中，除了要能够准确地翻译出所需要翻译的内容以外，还需要保持清晰的思路以及良好的逻辑性，进而保证翻译的内容是条理清晰的，让对方能瞬间理解自己所翻译的内容的含义。尤其是在商务翻译的过程中，更是要保持高度地逻辑性，且翻译的过程中，一定要谨慎，有的时候，一个很小的错误，都有可能导致整个商务交易的失败。由此可见，在翻译的过程中，除了要保证信息的对等性原则、文化的对等性原则以外，还需要秉承高度的逻辑翻译原则。

二、大学英语翻译教学的现状

（一）教学理念僵化

随着互联网时代的来临，在很大程度上影响教育教学开展，而首要影响为加快信息流通以及社会变化，在此过程中人们必须改变以往形成的思想观念以及知识构成，由此满足时代发展需求。由此可见，在现阶段的市场环境中，若高校毕业生想在就业市场占据优势地位，一定要在第一时间改变自身思想与观念，进一步丰富自身知识，但是僵化的教学理念要求学生学习教材知识，不必顾虑知识实用性，更加不会考虑学生长远发展。

（二）教学模式陈旧

传统的教学模式以教师为中心，知识传播单向地由教师指向学生，只注重最终译文呈现效果，而忽视翻译过程中的交流与合作，难以激发学生兴趣和主动性，学生课堂参与度较低，无法充分发挥学生的主体作用。

此外，传统教学模式侧重传授翻译理论知识，忽视实践教学和案例教学。翻译是一门强调实践性的课程，只传授理论不经过大量的实践练习，无法有效提升学生的翻译能力和表达能力，也不利于逻辑思维和创新能力的培养。而脱离案例教学或拘泥于教材中陈旧和不贴近现实的案例教学，实质上就是忽视了翻译的“实用性”，不利于学习者应用能力的锻炼，也是学习者与社会及企业难以实现良好接轨的重要原因。

（三）课程设置不合理

在大学英语教学中，大部分学校并没有单独开设翻译课程。在每周四课时的教学中，精读占用了 3 课时，听说占用了 1 课时，这使得老师没有时间重点讲解翻译技能，只是在精读课程中有所渗透，这大大降低了学生对翻译知识的学习。虽然《大学英语课程教学要求》（2007）和全国大学英语四、六级考试都对学生的翻译能力提出了要求，但由于老师课时有限，很难重点讲解翻译知识，使得学生翻译知识匮乏。很多学生没有达到《大学英语课程教学要求》（2007）中对于学生翻译水平的要求，学生们在四、六级考试中翻译题答得也不好，很多学生普遍反映翻译题型对于他们来说较难。

（四）评价机制不完善

从翻译体验观角度进行分析，人类的语言能力、翻译能力与先天因素不存在较为明显的关系；通过后天的培养、教学，能够有效提升学生的翻译能力。在针对英语语言开展翻译活动时，翻译人员主要依托文本与文章作者进行对话，进而理解文章含义，并用另一种语言替代文章作者向外界进行表达；这也意味着学生所拥有的翻译能力是多样性的，具有不同类型，仅仅依靠一张试卷很难客观全面地衡量学生的翻译能力；在大学英语翻译教学评价活动中，教师应明确学生的多样化特点。大部分国内高校缺乏针对英语翻译教学活动的系统性评价体系。在考核教师教学成果时，主要依靠学生的试卷成绩；在设置考核题目时，英语教师也更为注重中英翻译，这使得学生很难借助考核试卷向学校、教师反映自身的翻译能力。国内大学生长期处于单一的文化语言背景下，不会直接认知、体验两种语言的实际差异性。如果学生缺乏跨文化意识，极易在翻译英语文章时出现严重错误。因此，单纯的试卷考核无法充分展现学生的学习效果以及教师 的教学能力，缺乏一定的客观性。

（五）缺乏跨文化教学

当前，各高校在大学英语翻译教学实践活动当中，缺乏跨文化理论知识的教学； 即便部分高校在翻译课堂中会对跨文化知识进行讲解，也没有占据大量课时。目前，国内没有专业的大学英语翻译教材，现有的英语教材当中极少涉及跨文化知识。大学英语教师在日常的教学实践活动当中，未能充分利用互联网技术获取跨文化理论知识，补充教学该方面知识。在研究翻译教学现状后，相关学者指出，跨文化意识直接关系着英语翻译教学质量。

因此，各高校应在设置课程与教学内容时，侧重培养学生的跨文化意识。翻译工作人员在开展翻译活动时，会对自我认知进行转变；依托文本翻译活动产生直接或间接地体验交互，这种体验是现实客体与翻译主体的互动，更多地蕴含在文化当中。在英语翻译活动当中，文章作者、翻译工作者、读者间存在紧密联系，为实现翻译活动的和谐、有序、共存，翻译工作人员在进行翻译时，应遵循真实性的表述原则，结合自身的实际感知，展现自己的主观性与自身认知，对作品进行再创作；这也表明在翻译的认知转化期间，翻译工作的主、客体分别对主观世界进行了基于文化感受与自我认知体验的重组。

现阶段，国内大部分英语教师在开展教学实践活动时，更侧重翻译技巧教学。不注重培养学生的跨文化意识。从认知语言学翻译观视角，翻译人员在开展英语翻译活动时不可任性翻译、随意发挥，应寻找动态性的语言平衡。在翻译活动当中，翻译人员会接触到各类型的文化，在对原文中的西方文化进行理解、体验时，不应从本土文化视角入手，而应从文章背景的文化角度对原文语义、中心思想进行感知体验，实现翻译平衡。比如 It is raining cats and dogs，若简单从语义、从本土文化视角对其进行翻译会严重偏离文章原本意思；正确的含义应为瓢泼大雨。若学生具有跨文化意识，在翻译上述类型的语句时，能够从西方文化角度体验原文含义，认知原文的文化背景，实现翻译工作的多重互动表达，可以确保读者透过译文更深入切实地了解原文语意、中心思想。

（六）过于注重理论教学

现阶段，国内绝大多数高校在开展英语翻译教学实践活动时，更注重理论教学。在具体的教学实践活动当中，由大学英语教师向学生提供传统节日、历史、文化、教育、科技、经济、商业等领域的英语原文，并从经典文章中抽取部分段落、篇幅。高校学生需要根据英语教师的要求，在课堂上或课后的规定期限内对文章进行翻译，并比对教师给定的参考译文进行预习、复习。

在英语翻译课堂上，大学教师对英语原文进行逐字逐句的讲解，批改学生的翻译作业，并针对学生的翻译共性错误进行评价。该种教学模式使得英语教师将教学活动的侧重点放在了训练学生的语言能力、语言技巧方面，过于注重学生的语义转换能力，并未深入培养学生的认知能力；在翻译教学实践活动中，过于重视语法教学，忽视了其背后的翻译文化，这也导致高校学生无法充分掌握了解翻译信息的提取、理解、转化工序，只是不断简单重复地训练自身的语言翻译技巧，一旦学生面对长篇英语文章或需要较高 翻译技巧的英语段落时，很难顺利地完成翻译工作，只能简单地对照语言体系进行表层翻译，无法深刻地表达文章内涵与逻辑。

（七）翻译课程处境尴尬

高校中的大学英语翻译课程没有得到应有的重视，而是倾向于被边缘化和模糊化，这表现在两个方面。

一是在当今许多高等院校中，大学英语翻译课程被设置为公共选修课，修课时限短，授课课时不足，再加上公共课学生数量多，课程处境十分艰难。课堂上翻译实践无法有效展开，授课任务也往往难以完成，教学效果自然不尽人意。对许多选修大学英语翻译课程的学生而言，课程结束后他们的收获也只是修到了一门选修课学分，对自身翻译知识的掌握和翻译能力的提升并没有实质性作用。

二是即使在把大学英语翻译课程设为必修课的高校中，翻译教学效果仍然不够理想。这些高校中存在的一个普遍现象是，从事大学英语翻译教学的教师们倾向于把英语水平和翻译水平画等号，认为学生掌握了英语基础词汇和语法知识，有了一定的听说读写能力，就能够从事英汉互译，翻译水平就能得到提高。在这种思想指导下的教学活动，往往偏重语法句法等语言规则的学习，忽视翻译技能的传授，未能全面细致地为学生讲解专业且丰富的翻译知识和理念，更缺乏大量的翻译实践引导，学生的翻译技巧和综合能力难以得到提高。

（八）学生翻译过程生硬

学生的英语语言综合能力与英语翻译密切相关，随着翻译在不同行业的广泛应用，对学生英语水平提出了更高的要求。当前，部分大学生的英语基础薄弱、词汇量存储少、翻译过程机械生硬，无修饰地直接将英语直译成汉语，对文章和句子表达的语境和场景把控不足，使得译文失去原意。

从高校英语翻译教学角度来说，英文文化价值导向偏失、自主思维短缺等现象普遍存在，随着科技水平不断提高，快捷方便的英语翻译软件被大量开发，软件使用成为学生进行英语翻译的必备手段，过度地依赖翻译软件，必将会影响学生英语翻译水平，也不利于跨文化意识培养的有效开展。

（九）师资队伍有待加强

与专业英语翻译教学的师资队伍相比，大学英语翻译教学的教师队伍还不够完善，其中还有一部分是以语言学、文学等研究方向转向翻译教学的教师。

翻译是一门实践性很强且对综合能力要求很高的课程，这些教师长期担任英语教学，汉语知识水平相对匮乏，而翻译教学不仅要求教师具备高水平的英语综合能力，汉语基础也必须夯实。此外，这些教师在翻译理论素养和翻译实践经验方面也有所欠缺。因此，现有的一些从事大学英语翻译教学的教师的业务能力可能不足以应对翻译教学的要求。

（十）教材陈旧，内容单一

许多高校大学英语翻译教学使用的教材内容单一，千篇一律，只有机械定义的罗列，且教材中所引用的案例陈旧，脱离当今现实，缺乏新鲜感和应用性，不适用于当下翻译实践的练习。在课后练习设计中，许多教材仍然偏向语法句法的复习巩固。教师在授课中只是从教材中拼凑出适用于教学的内容，学生也只是被动接受，没有真正达成作者与译者翻译理论和思想的交流。这种教学内容和形式的陈旧和封闭，不利于培养学生对翻译的兴趣和主动性。

（十一）学生缺乏跨文化意识

一方面，学生不太重视课外英语材料的阅读，知识面得不到拓宽，阅读量较小，容易把重心只放在课堂内容和语法句法的练习，这使得学生普遍缺少文化素养，导致对中西方语言及文化差异认识不足，在翻译过程中虽能翻译词句，却无法理解和准确表达历史、文化等背景下的内涵。且由于缺乏跨文化意识，学生易被汉语思维束缚，在翻译实践中只以汉语语言规则及习惯思考，易产生不准确的推论，给翻译造成障碍。

另一方面，从事大学英语翻译教学的许多教师没有意识到跨文化意识在翻译教学中的重要性，没有积极指导学生增强跨文化意识或引导方式不够科学合理，造成学生跨文化意识薄弱，在翻译实践过程中容易忽视语言背后这一重要的文化因素。

（十二）教师思维差异意识薄弱

一个好的教师团队在英汉翻译的教学中占有非常重要的作用，只有教师良好的教学引导加之技巧的教学搭配才能在教学中产生有利的效果。但是，目前在我国高校的教师团队中也存在一定的问题，对英汉翻译教学的进展也存在十分不利的影响。现阶段，我国大多数的高校中英汉翻译课教师是出自本科院校英语专业，他们通常是掌握较为扎实的普通英汉翻译的理论知识，却对英汉翻译的实战上缺乏一定的专业性学习，对于特别的专业性较强的翻译学习也会出现翻译不准确等现象的发生，没有专门的实践学习，靠仅有的知识生硬的翻译，导致不是非常专业，更不能有效地指导学生，使其能有专业的基础。老师教的困难，学生更是难上加难。因此，作为传授知识的英语教师，对翻译教学不可避免地要掌握一定的文化知识有直接影响的就是思维差异的认识，教师必须不断学习，提高自己的差异认识理论，将这些理论运用到教学中去影响学生改变学生的思维本土认识。

目前，高校的教师正缺乏的就是这种对中西思维差异的认识，大部分教师都是从本科毕业直接走向工作岗位，从大学里学到的知识直接照本宣科的传授给学生，没有出过进行深造，没有在国外的环境感受过纯正的英语语言环境，也没有在大学的时候专门的深入了解分析思维差异到底对翻译有什么样的影响，问题是怎么样出现的，所以给学生教学上的直接反应就是，传授翻译知识只停留在表面功夫，单纯的一些生硬的翻译技巧，对英汉教学无法得到自由地发挥，学生学习起来也没什么兴趣可言，如此反复循环，导致了高校英汉翻译教学很难深入开展下去，对学生的学习产生了不利的影响。

（十三）学生对翻译学习重视不够

由于大学英语教学中没有设置翻译课程，所以考试时也不重点考察学生的翻译能力，这使得许多学生忙于精读和听说的学习，不重视翻译的学习。他们认为只要多背单词，多学语法，能看懂文章就能够翻译，对于翻译技能没有重点学习。实际上，翻译课程是一门很难的课程。郭沫若先生曾说过：“翻译工作是一项艰苦的工作，我不但尊重翻译，也深知翻译工作的甘苦……这不是一件平庸的工作，有时候翻译比创作还要困难。”这就说明翻译对译者具有很高的要求。他要求译者具有深厚的语言功底，精通中、英两种语言，能正确理解原文，同时，又要求译者具有较高的写作能力，这样才能把原文恰如其分的译出来。除此之外，译者还需具有广博的文化知识：他能够熟悉中西文化差异，熟悉相关国家的文化背景知识，这样才能够在翻译中更好地传递文化知识。再次，译者需要具有高度的责任感。译者的工作态度要严谨、端正。翻译前要进行周密的准备，翻译后要认真进行校对，要做到敬业。许多学生认为，只要 学习了一点外语，借助一两本词典就能翻译，这种想法是错误的。

（十四）学生中英文水平薄弱，翻译教学难度大

翻译是一门很难的课程，它要求译者中英文水平过硬。有的学生英文水平薄弱，单词不认识，语法看不懂，这使得他们很难进行翻译，翻译难度较大。在这些学生的译文中，出现了意思不对、语法病句、语篇缺乏连贯性、搭配混乱等胡乱翻译现象。即便有的学生英文水平较高，能很好地理解原文，但是他们的汉语水平不高，也翻译不好文章。而且英文水平较高的同学，他们的中文水平受到了英语的干扰，不符合汉语规范，译文读起来既不是地道的英文，也不是地道的汉语，这使得翻译教学难度增大。

三、应用语言学在大学英语翻译教学中的应用

翻译过程一般包括三个阶段，即理解原文阶段、用目的语表达阶段和校改译文阶段。在大学英语翻译教学中，教师可以分别从这三个阶段中得出几点教学启示，帮助学生建构图式，有效发挥图式理论对大学英语翻译教学的指导作用。

（一）理解原文阶段

在翻译过程中，理解原文是实现源语到目的语成功转换的前提。在理解原文阶段，丰富的形式图式和内容图式可以帮助译者迅速、有效地理解原文信息。2019 年全国大学生英语竞赛（C 类）的英汉翻译部分有这样几句话：Writing Brush， Ink Stick， Paper and Ink Slab are collectively called “Four Treasures of a Chinese Study” .These four treasures were traditionally kept in a scholar’s study in the old days. “Study” in Chinese is “wen fang” ，which originally meant governmental departments in charge of record making and keeping. 对于这几句话的理解，学生首先要具备有关的形式图式，如了解 study 一词的词义，知其不仅表示“学习、研究”，还有“书 房”这层含义；are called，were kept in 表示被动含义；最后一句中的 which 引导的是一个非限制性定语从句。其次，他们还需要具备相关的历史文化知识，了解“文房”一词的来源，知其最早出现于南北朝，原指官府掌管文书的地方。以相关历史文化知识为依据，将 record 一词理解为“文书”。由此可见，丰富的图式可以提高原文理解的准确性。

（二）用目的语表达阶段

译者在用目的语表达时，要使自己的表达能够适合译文读者的图式，并能提供丰富的信息帮助译文读者激活大脑中的相关图式。2017 年大学英语六级考试中的翻译部分，有这样一句话：

洞庭湖作为龙舟赛的发源地，在中国文化中享有盛名。据说龙舟赛始于洞庭湖东岸，为的是搜寻楚国爱国诗人屈原的遗体。参考译文：Dong ting Lake is famous in Chinese culture as the birthplace of dragon boat racing， which is said to have begun on the eastern shores of Dong ting Lake as a search for the body of Qu Yuan，the Chu poet （340-278BC）. 对比原文和译文，可以发现译文对原文的句子结构做了调整，原文中的四个小分句转换成了译文中的一个长句。而这种转换，符合译文读者的认知图式，更能为译文读者所接受。汉英句子结构不同：汉语多短句，各分句地位平等；而英语多长句，句子中有一个主干，句子间有主次之分。因此，此例中短句到长句的转换更符合英语读者的表达习惯。

另外，考虑到译文读者对我国历史朝代不太熟悉，译文中对屈原的生平年份进行了补充，使译文读者脑中能有个清晰的概念即（340-278BC），激活了相关图式。而在翻译过程中，学生往往不太注意这种语序 调整和结构变化，没有对自己已掌握的图式加以修正。

因此，在大学英语翻译教学中，教师要针对学生在翻译过程中出现的这种问题，加强对汉英两种语言的对比，帮助学生明晰汉英两种语言的差异所在，培养学生的英语思维，调整和修正固有的母语图式。教师可以开展句型和词组区块教学,使学生在看到“我想我不行”时,想到 I don’t think I can. 这种固定搭配，而避免 I think I can’t. 这种中式英语。这种句型和语块教学，有利于学生英语思维的养成，提升学生译文表达的地道性。

（三）校对修改译文阶段

校对修改译文阶段通常是指翻译练习之后评析翻译的过程。翻译练习之后，学生可以自行校对，通过对原文的整体把握，联系上下文知识，调整译文中不合适的地方。另外，教师应该了解学生的翻译情况并给予适当反馈。如果是词汇、语法掌握欠缺，教师可以讲解相应的语言知识。例如，句子 It has been three years since he was in Beijing. 大多学生翻译成“他在北京已经有三年了”，说明没有理解 since 引导的时间状语从句中用延续性动词的过去式，是在表示从句动作结束以来，主句活动仍在持续，此句应该译为“他离开北京已经有三年了”。

因此，教师可以对这一语法知识点进行补充讲解。如果是由于文化缺省造成的误译，教师在教学中则要补充相关文化背景知识，并增强向学生传授文化背景知识的意识。通过翻译评析这一过程，教师可以了解学生的图式空缺，从而进行弥补。而通过多次校改，学生的翻译能力也会有所提高。

四、大学英语翻译教学的策略

（一）增加词汇积累，深入西方文化

大学英语教师在对学生进行翻译教学时，要明白其中的词汇部分才是整体的教学重点，所以要引导他们秉着快速、有效的原则记忆单词，掌握全新的学习模式，改变以往死记硬背的方法。例如，教师可以通过词缀法的方式，使学生能够根据词缀的特征来逐渐感知到单词的构成方法，并在这一基础上形成良好的记忆方式。通过这样的方式，不仅可以加强学生对英语单词背记的积极性，而且还能扩充他们的知识储备，使他们认识到英汉词汇含义上的对比，逐渐培养学生的翻译能力。

另外，大学英语教师还要让学生深入了解到西方的文化知识，从根本内容上感受到中西方语言的不同之处，以此加强对文化差异性的理解。翻译是中西方文化沟通的桥梁，因此仅仅有着单独一方的思想是无法将此工作有效完成的。若对对方国家和风土文化不了解，那么便会严重地影响翻译水准，产生中式英语等问题。所以大学英语教师在进行课堂教学时，要注重对学生进行中西方文化的渗透，促使他们可以感受到其中的文化差异性，使其了解到西方历史的特征，以此深入到西方历史的起源等过程中，激发出学生的学习兴趣，形成良好的核心素养。

（二）创新教学手法，加强实践教学

现如今，很多高校还在用充满理论性的课本知识进 行教学，所以教师要改变传统的思想观念，激发出学生的学习 热情，在翻译教学的过程中，分层递进、由简变难，促使学生充分吸收知识，提高自信心。在传统的理论教学方面，教师要注重让学生之间进行互动与交流，将课堂的气氛带动起来，以此进行积极的演讲和翻译，使其在互相的纠错过程中让学生找寻自己的问题，提升学习质量。与此同时，大学英语教师在进行翻译教学时，要改善传统的实践教学模式，提升学生的英语翻译水准，并将社会中的外教资源结合起来，让学生在和外国人交流过程中掌握一些“接地气”的口语应用方式。教师还可以让学生在校外进行实训，了解到翻译工作的前景与未来发展整体规划，以此提高学生的英语翻译应用水平。当学生掌握了一定的基础翻译能力后，教师便可以再为他们普

及一些翻译技巧，形成翻译实际问题的能力。理论掌握得再好也只是纸上谈兵，学生需要通过不断地实践锻炼来提高自己的应用水平。教师也可以在上课过程中，多设置出一些翻译场景进行相关的模拟练习，以此提前了解到未来的工作场景，步入职场环境当中。这种练习模式对大学生是非常关键的，不仅可以提高他们的翻译水平，而且也能使学生养成良好的核心素养。

（三）丰富教材形式，激发学习兴趣

在核心素养的教学背景下，大学英语教师要改变过往的传统教学经验，大胆进行创新，将学生作为中心，在对教材进行翻译的过程中，也在一定程度上培养学生的语言能力，将教材的内容与社会中的真实社交需求连接起来，以此提高英语翻译教学的效果。所以，大学教师要在教学过程中将学生的注意力吸引过来，采用多样化的方式，将多媒体与双语教学结合起来，丰富教材形式，构建出良好的课堂学习气氛，创设第二课堂，对相关知识与技能进行巩固。大学教师在核心素养背景下对学生进行翻译教学时，要激发出他们的学习热情，提高学习兴趣。高职英语相比于实践课来说，自身是具有一定枯燥性质的。如果学生对英语知识完全没有兴趣，那么便会降低学习的成效。因此，教师可以在课堂中开展一些小型活动，调动出他们的积极性，彰显学生的主体作用，用心去关爱学生。例如，教师可以将英语演讲比赛融入课堂教学当中，创设英语角和英语沙龙等，提高学生的翻译热情。

（四）改变授课方式，提高授课效率

顺应时代要求，大学教师的授课方式也应该摒弃传统，步入新时代的范围。我们采用的传统的授课方式，多半是结合课文，通过课文中的典例句型，重点单词，在剖析课文的过程中去纳入重点内容的方式。但是这样的教学方式，学生吸收度往往不高，主要体现在课前学生预习态度不认真，课后复习时间少，没有进行反复磨炼和记忆等方面，那么教师的授课基本上是在做无用功。英语固然是一个需要大面积记忆的科目，尤其是大学英语，应用面更广、应用性更强。在实践教学过程中，我们更应该抓住其核心目标，而不是以完成教学目标为主，要改变传统的授课方式，提高我们上课的效率。在英语学习过程中，笔记是一个十分重要的工具，在教师授课过程中，不应该只以课本为主，应该给予学生更多想象和联想自身的空间，多设立一些问题，询问自身的感受等，既可以复习学生原有的词汇量，也可以让学生在课堂上练习口语，去说出自己的感受和想说的话。在进行单词的词性，以及句式等的规划总结时，学生需要记好笔记。教师也可以出一些题目去具体讲解，单独讲解，在学生听得懂的前提下实行教

学。不但学生学习语言的时候可以“接地气”，教师上课的时候同样可以“接地气”。语言类的科目，重要的是沟通和交流。教师是要开启交流的人，不能任由学生上课做别的事情，因此教师的态度尤为关键，需要调动学生的积极性。也就是我们所说的互动教学，例如教师可以积极与学生对话，去开启话题后，再让学生们相互对话。

（五）制定复习结构，增强知识吸收

无论是高职英语教学，或者是本科英语教学，教师面对的问题都是一样的，英语是一个语言类科目，需要学生去大量记忆背诵。但是如何科学地记忆与背诵，是教师提高教学效率的有效途径之一。对于英语，仅仅是课上的时间是绝对不够的，对于高职学生来说，每天都有很多的事情。在大量烦琐的事务中去挤出时间学习，是一种很可贵的品质，但是就算挤出了时间，也很难做出高效的学习。原因就在于学生没有一套系统的学习方法，因此在教学中，教师应该帮助学生制定学习方略，及时为学生解答问题，扫除一定路障，就能够在课下解决部分问题。比如多数授课的教师都会在上课时建群，在群里发送一些学习资料，但是问题出在很多学生根本没有时间去点开这些学习资料。因此，教师采用平时成绩的方式去驱动学生学习，但是至少教师应该在课上及时进行反馈。在反馈过程中，可以向学生反映积极或者进步的一面，在学习资料和学习任务的发布过程中，可以有规律的发送，帮助学生养成习惯，再在课上时检查一部分学习成果，保证学生的学习。长此以往，学生的学习积极性会自然而然地增长，学习效率也就增加了。

（六）实现慕课与翻转课堂的同步应用

依托慕课开展信息化教学已成为高校英语翻译教学改革的重要方向，尤其是新冠疫情暴发以来，慕课更是成了高校进行远程教学的有效工具。慕课不仅仅是教学内容展示的一种方式，而借助翻转课堂教学模式，慕课将成为教学实施的必要环节。与此同时，慕课也为翻转课堂教学模式提供了集成化在线学习平台，课前、课中以及课后阶段都可以依托慕课平台实现教学一体化操作。从本质上来看，无论是慕课还是翻转课堂，都有着线上线下、课堂内外相结合的教学属性，都是为了提升学生学习的自主性，最大限度地调动学生学习的积极性。因此，实现慕课与翻转课堂的同步应用不仅有利于深入推进翻转课堂教学模式的灵活性运用，而且可以促进两种教学手段的叠加化运用，提高翻译教学的成效。

（七）提升教师翻译教学综合技能

教师作为翻转课堂中的组织者和引导者，只有具备了较高的教学技能才能够确保教学过程的顺利进行。首先，翻转课堂教学过程中，需要大量运用现代化信息技术与工具，这就要求教师必须与时俱进的提升自身信息素养，并善于运用微信、QQ 等学生喜闻乐见的方式来实现与学生的互动化交流；其次，课前视频制作是翻转课堂教学模式实施的关键环节，教师不仅要熟练掌握视频制作的方法，而且要将翻译教学内容有效的融入视频当中，才能够调动学生学习兴趣与学习积极性；再次，课中环节，教师还要结合自身的教学经验，将教学内容细化为理论知识传递、翻译教材讲解以及翻译技能培养等多个模块，逐步开展教学。高校应当充分重视教师翻译教学综合技能的提升，要通过制定具有较强针对性和可执行性的教学能力培训方案，确保教师能够获得能力的提升。

（八）强化学生自主学习能力培育

翻转课堂教学模式当中，学生是主角，同时也是课堂教学的根本。它对学生的翻译自主学习能力具有更高的要求：学生不仅要自觉观看课前教学视频，而且要认真做好笔记、独立完成课前测验，同时还要积极参与到小组讨论当中，勇于表达自身的翻译观念，并及时做好课后评价反馈与学习总结反思。教师只有帮助学生养成高度的自主学习意识与学习能力，才能顺利完成上述学习任务，可以从以下三个方面做起：第一，注重学生学习兴趣的提升，这是培育学生自主学习能力的关键，可以通过丰富课前学习材料、设计趣味性课堂活动、强化教学过程激励鼓励等方式，来使课堂变得更加生动有趣；第二，提升学生学习自信心，要引导学生主动进行思考，使他们敢于张口、勇于质疑、善于总结，通过不断的实践与探索，来渐进形成符合自身实际的学习风格。第三，营造和谐融洽的课堂教学氛围，教师要逐步转变思维，主动放下身段与学生进行互动交流，使学生在轻松愉悦的学习环境中，逐步体会到翻译的乐趣和成就感。

参考文献

[1] 蔡基刚．应用语言学视角下的中国大学英语教学研究 [M]．上海：复旦大学出版社，2012.

[2] 杨延宁．应用语言学研究的质性研究方法 [M]．北京：商务印书馆，2014.

[3] 卜友红．英语语言学及应用语言学研究 [M]．上海：同济大学出版社，2014.

[4] 杨瑞和．英语语言文学研究：应用语料库语言学 [M]．昆明：云南科技出版社，2015.

[5] 訾韦力．应用语言学理在英语教学实践中的应用研究 [M]．北京：中国轻工业出版社，2015.

[6] 刘艳春．中西应用语言学研究对比分析 [M]．北京：商务印书馆，2016.

[7] 向星蓓，等．语言学和现代语言艺术 [M]．芒市：德宏民族出版社，2018.

[8] 孙凯元，张焕芹，王澄林．应用语言学导论 [M]．沈阳：东北大学出版社，2018.

[9] 刘曦．基于多维视角的英语语言学理论探索与应用 [M]．北京：新华出版社，2019.

[10] 刘辉．应用语言学方法导论 [M]．哈尔滨：黑龙江大学出版社，2019.

[11] 冯华，李翠，罗果．英语语言学与教学方法研究 [M]．长春：吉林人民出版社，2019.

[12] 张丽霞．现代语言学及其分支应用语言学的理论与实践研究 [M]．北京：中国大地出版社，2019.

[13] 杨静．现代语言学流派与英语教学探究 [M]．北京：中国商业出版社，2019．

[14] 张丽亚．现代英语语言学研究 [M]．长春：吉林人民出版社，2019．

[15] 郭慧莹．应用语言学理论视阈下高校英语教学实践研究 [M]．北京：冶金工业出版社，2020．

[16] 纪旻琦，赵培允，马媛．英语语言学理论与发展探究 [M]．长春：吉林大学出版社，2020．

[17] 甄凤超．语料库语言学研究热点追踪与思考 [J]．当代外语研究，2020，4（06）：89-100+4-5．

[18] 姜莉．语言学中静态与动态存在形式及深层辩证关系研究 [J]．盐城师范学院学报（人文社会科学版），2020，40（06）：62-69．

[19] 李陆萍．语言学课程与思辨能力培养 [J]．嘉应学院学报，2020，38（05）：73-75．

[20] 吴亮亮．基于生态语言学视角的英语生态课堂构建策略 [J]．昭通学院学报，2020，42（05）：87-90．

[21] 李葳．应用语言学视角下的英语文化导入教学的实践尝试 [J]．海外英语，2020，4（20）：102-103．